放送大学叢書035

ヘーゲルを読む

自由に生きるために

ヘーゲルを読む　自由に生きるために　目次

はじめに　4
第一章　「自由の哲学」の誕生　9
第二章　ヘーゲル哲学の時代区分　ヘーゲルの略歴　33
第三章　カント（二世界論）の超克　二重の「矛盾」　61
第四章　「無」・「死」という視点から　88
第五章　『精神現象学』（1）「序論」・「緒論」　112
第六章　『精神現象学』（2）「意識」・「自己意識」・「理性」　142
第七章　『精神現象学』（3）「精神」・「宗教」・「絶対知」　177
第八章　必然性と自由　『論理学』より　211
第九章　法・国家・歴史　232

おわりに 252
参考 『精神現象学』目次 260
あとがき 262

私たちは自由に生きたい、思いのままに生きたいと思う。思いのままの人生を生きられたらどんなにいいだろう、と思う。しかし、そう思うということは、いま自由に生きることができていないということであろう。いま、思いのままに生きているのだとすれば、私たちは、思いのままに生きたいなどとは思わない。そうでないからこそ、そう生きたいと願う。

実際私たちは、ほとんどつねに、ほとんど至るところで、不自由へと強いられていよう。学校であれ職場であれ、思いどおりに成果・成績は上がらない。周囲の人たちとの関係も、思いどおりにはいかない。総じて人生、思うようにいかない。とはいえ、むろん、まったく自分の思いどおりになっていないのかというと、必ずしもそうではない。多くの場合、ある程度は自分の思いがかなっている。成果・成績が思うように上がらなくても、気晴らしはできる。そこそこやっていける。これまで親しかった人に突然冷たい仕打ちを受けても、相変わらず親しくつきあえる人もいる。そこで、一茶のように「めでたさも中位なりおらが春」といって、自らの境遇を楽しめれば、不自由さは消えてなくなり、全面的に自由へと解放されるのだろう。しかし、私たちは、そんな境地にはおよそなれない。幸せそうな周囲の人たちを見て、ああ、自分は何であんなふうになれないんだろう、何でもっと社会で活躍し、裕福な生活ができないんだろう、と嘆く。思いどおりにはいかない、人生自由にはならない、とやはり思う。思いのままに生きる、自由に生きるということ、あるいは逆に、思いのままに生きられない、自由に生きられないということは、私たちにとって、切実な問題なのだ。

そうであるからこそ、自由の問題は、古代ギリシア以来、哲学上の主要な問題の一つであり続けた。どういうときに、私たちは自由であるといえるのか。そもそも私たち人間は自由でありうるのか、と人々は問い続けた。いま読み解こうとしているヘーゲル哲学も、その例外ではない。ヘーゲル哲学といえば、その難解さのゆえにしばしば避けて通られるが、読みやすい書物として目下一般に出回っているもの（『法哲学要綱』『歴史哲学講義』）などを繙くならば、自由についてのよく知られた文言が見て取れる。「法の体系は、現実となった自由の国であり、精神自身から生み出された、第二の自然としての、精神の世界である。」（7.46. 出典および引用箇所の呈示については、本書末「引用文献」

（二六〇－一頁）参照）「国家は具体的な自由の現実化である。」（7.406）あるいは、「精神の実体もしくは本質は、自由である。……自由こそが、精神の唯一の真実である。」（12.30）さらには、「世界の歴史は、自由の意識における進歩である。」（12.32）、などなど。「法」や「国家」、「歴史」については、とりわけ最終章（第九章）で論及するが、これによって、とにかくも、「自由」が重要概念であるということが見て取れよう。

ただ、ヘーゲル哲学における「自由」というと、これらの書物のこれらの文言が頻繁に取り上げられることからも分かるように、多くの場合、まさに法、国家、歴史といった観点から取り上げられ論じられる。むろんこうした観点は重要なのだが、しかし、いっそう重要なのは、こうした観点からの論議の根底にあって、それを支える、より基礎的、根底的な観点からの「自由」なのである。すなわち、法や国家や歴史がどんな状況であろうとも、私たちがつねに自由に生きたい、思いどおりに生きたいと切に願う、そのような私たち自身の自由なのである。

しかし、自由に生きたいと切に願う私たち自身の自由とは、いったい何なのだろう。それは簡単な話だ、と言われるかもしれない。物事が思いどおりにいっていないときに、思いどおりにいけばなあと思う、その思い、つまり、思いどおりにいくということとであり、それ以上でも以下でもないだろう。自由であるとは、思いどおりにいくこと、これにつきるのではないだろうか、と。たしかにそうだろう。しかし、もしそうであるとするならば、自由とは絶望的なテーマである。なぜなら、それは、いっときは現実のものにもなろうが、たちまち夢まぼろしと化してしまい、それ自体ほとんど空想上のものであろうから。すなわち、やったー、思ったとおりになったーと躍り上がっても、あるいは、思いを遂げられたとしみじみとした充実感に浸っても、私たちは遅かれ早かれ現実に引き戻されよう。それは、思いどおりにいかない、たえず不自由につきまとわれる世界である。この世界で私たちは、ほぼつねに自由を空想して生きる、つまり、思いどおりに生きる自分を夢見て過ごす。ときに、この見果てぬ夢に責めさいなまれながら。

だが、この絶望的なテーマを、哲学は採り上げる。なぜ採り上げるのか。それは、自由に生きたい、思いどおりに生きたいという切なる思いを実現するため、見果てぬ夢を現実のものにするためであろう。どのようにして。それは、自由というあり方を根本的にとらえ返すことによってである。自由であるとは、思いどおりにいくことであるという。しかし、思いどおりにいくとは、どういうことなのか。何でもかんでも、自分の欲求・欲望がかなえられ、酒池肉林に生きることなのか。そうではあるまい。それは、欲求・欲望への隷従にほかなるまい。では、自由とは理性的であることなのか。たしかにそうも思われよう。しかし、自らの欲求・欲望を抑えて理性的であることが、自由であることだ、思いどおりにやっているということだ、と納得するのはなかなか難しい。では、自由とはやはり、欲求・欲望をかなえることなのか、と最初の問いへと立ち返る。さて、どうなのか。こう問い始めれば、すでに哲学が始まっている。

ヘーゲル哲学も、こうしたもっとも基礎的なところから自由を論じる。そして、変わることなく自由である、すべては思いどおりにいくという見果てぬ夢をかなえようとする、と言っていいだろう。ヘーゲル哲学といえば、たしかに難解をもって鳴るわけだが、しかし、この夢の実現こそがヘーゲル哲学なのだとも言いうるのではないだろうか。その意味でこそ、また、ヘーゲル哲学は「自由の哲学」でありえよう。『法哲学要綱』や『歴史哲学講義』のかの言明も、この「自由の哲学」の一つの到達点にほかならない。こうしたヘーゲル哲学、「自由の哲学」を、丁寧にたどってみよう。

◉第一章

「自由の哲学」の誕生

ヘーゲルの展開した「自由の哲学」をたどるにあたって、まずは、それが誕生するに至る哲学史的な背景を確認しておこう。それは、ヘーゲル哲学そのものの誕生の背景にほかならないのだが、この哲学は一般に、ドイツ観念論哲学の最後に位置づけられる。ドイツ観念論哲学とは、カント（一七二四－一八〇四）の哲学を引き継いだフィヒテ（一七六二－一八一四）の哲学に始まると見なされ、それがシェリング（一七七五－一八五四）によって引き継がれ、さらにそれを引き継ぎ完結させたのが、ヘーゲル（一七七〇－一八三一）である、と続く。この哲学の流れは、フィヒテの説く「主観的観念論」、シェリングの説く「客観的観念論」、この両者を統合したヘーゲルの「絶対的観念論」などという、少々見事すぎるレッテルづけのもとに、しばしば整理され解説される。また、デカルト（一五九六－一六五〇）に始まるとされるいわゆるモダン・フィロソフィー、つまり近代哲学は、通常前半と後半に区分され、その前半が「近世哲学」、後半が「現代哲学」とよばれるが、一般に、その前半の最後に位置するのが、ヘーゲル哲学である。

このような哲学史の流れのなかにあるヘーゲル哲学だが、これに圧倒的な影響を及ぼしているのはカント哲学である。徹頭徹尾カント哲学の枠組みのなかで展開されていると言っても過言ではないだろう。まずは、このカント哲学の枠組みを確認しておこう。

一．カントの二世界論

この枠組みとは、カントの説く二世界論にほかならない。それは、カント特有の論議であるわけだが、それが説かれるに至る決定的な要因は、よく知られているように、イギリスの哲学者、ヒューム（一七一一‐一七六）との確執であった。

ヒューム対カント

カントは、その主著『純粋理性批判』（一七八一年（第一（A）版）、一七八七年（第二（B）版））の自著解説書である『プロレゴメナ（学として現われうるであろう将来のあらゆる形而上学のための序説)』(一七八三年)のなかで、こう語っている。

私は屈託なく告白するが、デイヴィッド・ヒュームの思い出といえば、それはまずは、もう何年も前だが、私の独断のまどろみを破り、思弁〔理論〕哲学の領野での私の研究をまったく別の方向に向け変えたということである。(Ak.4.260. 引用中の〔 〕内は、筆者による挿入。以下同様。)

この「思い出」とは、ヒュームの因果関係に関する議論に関わるものである。すなわち、ヒューム(『人性論』第一編第三部第三節〜第六節(Hume 78-94))によれば、原因と結果との間に必然的な関係があるということ、つまり、一定の原因があれば、いついかなる場合でも一定の結果が起こるということは、原理的に保証されない。通常想定されるこのような原因と結果との必然的な関係とは、実は、これまではいつでもそうだった(「恒常的連関」)という単なる過去の経験であるにすぎない。したがって、これからも必ずそうなるという保証は、どこにもない。つまり因果関係とは、客観性もしくは普遍妥当性をもつものではなく、原理的に主観的なもの、私たちの信念なのだ、というのである。

たしかにヒュームの言うとおりであるように思われる。ガソリンに火を近づければ必ずボッと発火する。ここには、ガソリンに火を近づけるという原因と、ガソリンが発火するという結果との間に必然的な関係性があるように見える。つまり、このことは――十分な酸素があって、一定の温度以上であれば――いつでもどこでも起こるのだ、と。しかし、考えてみれば、そのように言える保証はどこにもない。たしかに、いままではいつでもどこでもそのとおりであったかもしれない。しかし、今後も同様であるとは誰も言えない。ガソリンに火を近づけても発火しないということが、いつか起こるかもしれない。この「かもしれない」は、どんなに科学が発達しようとも、消し去ることはできない。科学は、相当たしかに将来を予測するが、予測どおりにはならない「かもしれない」。どんなに厳密な実験に基づく科学理論であっても、いまのところそうなるということでしかないのだから。

このようなヒュームの考えに、カントは「独断のまどろみを破られた」という。つまり、それまでカントは、原因・結果間の必然的な関係性をおよそ疑ったことがなかった。しかし、それが単なる独断的な思い込み、夢想であるにすぎなかったということを思い知らされたというのである。とはいえ、このヒュームの考えを受け入れることは断固できない、とカントは考える。というのも、もしヒュームの言うとおりであるとすれば、科学的な知識をも含めた私たちの知識は、総じて、根無し草のような頼りない、明日をも知れぬものとなりかねないのだから。そこでカントは一念発起する。私たちの知識がそんな頼りないものであってはならないし、そんなものであるはずもない。それは、およそ主観的なもの、私たちの信念であるなどということはなく、客観的、つまり存在そのものをとらえたものでなければならず、それゆえに、いつでもどこでも通用する「普遍的妥当性」をもつものでなければならない。このことが、ヒュームを徹底的に論駁することによって、確証されなければならないというわけである。

ここにカント独自の哲学、「超越論哲学」の幕が開くわけだが、そのなかの一つの肝要な議論が、因果関係と時間との不可分な関連性である（B233以下）。もとより私たちは、時空間を生きている。つまり、私たちの世界もしくは宇宙は、それ自体が三次元空間であり、時間的に進展する世界である。ただ、カントによれば、ここに因果関係が密接に関与している。というのも、世界に因果関係が成立していないとすれば、世界はおよそ無秩序となってしまい、ひいては、時間というものが成立しなくなってしまうからである、という。たしかに、宇宙のあり方そのものが、何の原因もなしに変転し、何の連続性もないそのつどそのつどの断片的なあり方に終始するならば、そこに時間というものが成立するとみるのは難しいだろう。こうした考えにはむろん問題があるが、しかし、いまはそこには立ち入らない。いま着目すべきは、カントがそのように、つまり、世界に因果関係が成立していなければ、時間もまた成立しないというように考えたということである。そして、もしカントの考えるとおりであるとするならば、因果関係は、世界そのもののあり方、存在そのもののあり方として客観的に成立している、ということになりえよう。なぜなら、私たちの世界（宇宙）そのものが時空間である限り、時間は、世界そのもののあり方、存在そのもののあり方として客観的に成立していると見なしうる。そして、こうした時間の成立のために、因果関係が不可欠であるというのだからである。そうであるならば、因果関係もまた、まちがいなく、存在そのもののあり方であり、客観的なものと考えうるのである。

このようにしてカントは、ヒュームの議論に徹底的に反論した。因果関係とは、決して主観的なもの、私たちの信念にとどまるものではない。そうではなく、それは、確実に宇宙そのもの、存在そのもののあり方であり、客観的なものなのだ、普遍妥当性をもつ必然的なものなのだ、と。

「コペルニクス的転回」

しかし、もしカントの論じるとおりなのだとすると、困った問題が生じるのである。その問題とは、私たちの自由が失われてしまうということである。なぜなら、この世界においては、原因と結果との必然的な関係が成立しているのだから。たとえば、私が、「は～い」と言って手を上げたとする。すると、これまでの議論によれば、ここには、このことを必ず引き起こす原因――必然的な原因――があることになる。なぜなら、それがないと、そこには特定される原因がないことになり、結局のところ、無原因のまま、ひょっこりとそのことが起こったことになってしまい、時間的な秩序が破壊されてしまうからである。それゆえに、私が「は～い」と手を上げたとすると、そのことを結果として必ず引き起こす原因がなければならない。だが、この原因も、この世界で起こる何らかの事態であろうから、この事態を必ず引き起こすさらなる原因もまた、存在しなければならない。だが、そうだとすると、このさらなる原因を必ず引き起こす、さらなるさらなる原因が存在しなければならない。というわけで、原因は無限にさかのぼらざるをえないことになる。いわゆる無限に連なる因果連鎖だが、むろんこうした考えには大きな問題がある。しかし、やはりいまはそれには立ち入らない。いま着目すべきは、圧倒的に多くの場合、私たちがそのように考えるし、カントもまたそのよう考えたということ、つまり、たしかに、強固な因果連鎖が存在するであろうということである。そして、そうであるならば、私たちに自由はなくなる。なぜなら、私たちの一挙手一投足が、遠い過去の原因によって決定されてしまっているからである。すなわち、その原因が、一定の決まった結果を引き起こし、その結果が今度は原因となって、また一定の決まった結果を引き起こしというように因果の連鎖が生じ、その末端で、たとえば、私が「は〜い」と手を上げるという事態が引き起こされているわけである。こうして、この行為を含めた私のあらゆる行為が、私とは無関係な原因によって引き起こされていることになる。ここには、私が自由に振る舞う余地はまったくないのである。

しかし、カントはむろん、このことを認めることはできない。人間が単なる動物ではなく、まさに人間であるのは、人間が自由に振る舞うことができるからである。そうであるならば、世界（宇宙）がどんなに完璧に必然的な原因・結果の関係で成り立っていようとも、私たち人間は、断固自由であるのでなければならない。だが、この必然的な因果関係（因果必然性）と私たちの自由とは、両立不可能であり、典型的な矛盾である。カント自身もそのように了解し、それを『純粋理性批判』において、「純粋理性のアンティノミー（二律背反）、第三の超越論的理念の矛盾」（B472, 473）と題して明示した。では、私たち人間の自由はどうなるのか。世界が因果必然的であれば、私たちは自由ではない。逆に、私たちが自由であれば、世界は因果必然的ではない。さて、どうするのか。

カントは、この難問に立ち向かった。この矛盾を解決しよう、因果必然性と私たちの自由とを両立させようというのである。ここに遂行されるのが、カントの「コペルニクス的転回」と人々のよぶもの、つまり、カント自身が大いに誇った発想の大転換である。それによれば、まずは、〈世界（宇宙）は時間的に進行する〉、もしくは、〈因果関係は世界そのもののあり方である〉といった私たちの了解は、経験的なものではない。つまり、それは、私たちが、親や先生から学んだとか、ひたすら経験を積むことによって身につけたとかという経験的な認識ではない。そうではなくそれは、そうした一切の経験以前に、私たちが自ずと身につけている存在了解である。これをカントは「アプリオリな認識」(経験に先立つ認識)とよぶ。そして、私たちが、何らかの具体的な経験――たとえばガソリンに火を近づけたら発火したという経験――をする際には、この経験に先だって、かの「アプリオリな認識」が、この経験のあり方を確定しているという。すなわち、私たちが、ガソリンに火を近づけたら発火したと認識する際には、この認識に先立って、まずは、この世界ではすべての出来事が原因・結果の関係のもとにある――あらゆる出来事は、まず原因があって、その結果引き起こされる――という「アプリオリな認識」があらかじめ存している。すべては因果的に関係するという、この「アプリオリな認識」がまずあって、私たちはそれに基づいてはじめて、ガソリンに火を近づけたら(それが原因で)発火したと認識するのだ、というのである。実に、もし、この「アプリオリな認識」があらかじめ存していなければ、〈ガソリンに火を近づける〉ことと〈それが発火する〉こととは、互いに無関係にポッポッと起こるだけの二事にすぎない。だが、そもそも、これらの関係性を疑い、それを確証し、そして私たちが日常的にそう認識するに至るのは、ひたすらその根底に、かの「アプリオリな認識」が存し、それが私たちの認識の仕方を、ひいては、世界の出来事のあり方をあらかじめ確定しているからである、というのである（B XVI-XVIII）。

こうして私たちは、発想の大きな転換へと促される、とカントは言う。すなわち、世界における出来事が因果的に関係するということは、ヒュームによって疑義が呈されたが、しかしやはり断固、世界そのもの・存在そのもののあり方と見なされなければならない。だが、この世界そのもののあり方である因果関係とは、もともとは、私たちの「アプリオリな認識」なのである。私たちが世界をとらえる際に、総じて原因が結果を引き起こすと考える（「アプリオリな認識」）。そうであることにおいてこそ、世界のあらゆる事象が、因果関係として——つまり、原因が結果を引き起こしたというように——把握される。火を近づけたこと（原因）が発火を引き起こした（結果）、と。このように見るならば、世界そのもののあり方（因果関係ひいては時間の流れ）とは、たしかに世界そのもの、存在そのもののあり方なのだが、しかし、いわばそのルーツは私たち人間の認識形態のうちにあるということになるのである。

これが、カントの「コペルニクス的転回」である。すなわち、私たちの住む世界は、時間的に経過する三次元空間という壮大な宇宙である。これは紛れもなく厳然と客観的に存在する。しかし、この厳然と客観的に存在する宇宙の基本的なあり方、たとえば因果関係は、そのルーツを私たち人間の認識形態のうちにもつ。簡単に言えば、原因が結果を引き起こすという私たちの「アプリオリな認識」が、世界（宇宙）もしくは存在そのものの根本的なあり方を決定している、というのである。カントによれば、通常私たちは、私たちの認識が対象（存在）に従うと考える。しかし、発想の大転換が必要で、実は、対象（存在）が私たちの認識に従う、というのである（B XVI）。

因果必然性と自由との両立（二世界論）

この発想の転換によって、カントは、必然的な因果関係と私たちの自由との矛盾を解消し、その両立が図れると考えた。なぜかというと、私たちの住む世界（宇宙）は、その根本的なあり方が、私たちの「アプリオリな認識」によって決定されているのだから、というのである。すなわち、私たちは、原因が結果を引き起こすという「アプリオリな認識」をもっているわけだが、もし私たちが、この認識をもっていなかったとするならば、私たちの世界（宇宙）は、まったくちがったあり方をすることになる。なぜなら、私たちの「認識」が世界のあり方を決定するのだから。これがない場合には、私たちの世界は、因果関係とはまったく無縁の世界になる。一定の原因によって一定の結果が必ず引き起こされるというようなことは、およそなくなる。ということの意味は、この私たちに現前している世界とは、本当の意味で――カントによれば「超越論的な」意味で――客観的な世界そのものではないということである。それは、単に私たちに対して現れ出た世界であるにすぎず、本当の意味での客観的世界とは、いうならば、「アプリオリな認識」などという手垢がつく以前の無垢な世界でなければならない。カント研究上、種々問題は指摘されているが、しかし、カントはおおむね、この二つの世界、つまり、「アプリオリな認識」によってそのあり方が決定された世界とそれ以前の無垢な世界とを、こう名づけている。すなわち、前者を「感性界（mundus sensibilis）」、「現象（Erscheinung, Phaenomenon）」の世界、もしくは「物（Ding）」の世界、後者を「知性（叡智）界（mundus intelligibilis）」、「知性（叡知）（Noumenon）」の世界、もしくは「物自体（Ding an sich）」の世界、と。これが、カントの説く二世界論である。

この二世界論によって、目下のカントの意図を見通すことができよう。すなわち、問題は、因果必然性と自由の両立であるわけだが、この両者は相矛盾するので、一つの世界での両立は不可能である。そこで、この二つを別々の世界に振り分けようというのである。私たちは、一方で、周辺の風景と同様に一個の物体として存在し、眼前に現れ出ている。それは、身体あるいは肉体としての私たちである。身体的・肉体的な存在として私たちは、周辺の諸存在物と一体であり、そうした諸存在物（動植物、諸物質）の総体、つまりこの宇宙のただなかで、日々生きている。この宇宙こそが「感性界」であり、私たちも、この世界の一員である限り、徹頭徹尾因果必然性に貫かれている。肉体としての私たちが自由に振る舞うことは、不可能である。他方、私たちは、このような身体的・肉体的な存在として現れる以前の純粋な無垢の存在でもある。つまり私たちは同時に、「知性界」の一員でもある。こうした「知性界」の一員である限り、私たちは、欲求・欲望といった肉体的な諸条件に煩わされることなく、自由に――カントによれば、道徳（倫理）的に――振る舞うことができる。私たちは自由だ、というのである。

二、カントからヘーゲルへ

カントはこのようにして、「感性界」と「知性界」という二つの世界の並立を論じ、それによって、因果必然性と自由との両立を説くのだが、しかし、この論議は一見して不可解だろう。

カント二世界論の不可解

なぜ不可解なのかといえば、この論議によれば、私たちは、身体的・肉体的な存在としては、宇宙全体を貫く因果の必然性によって完全に規定されしまっているのだからである。すなわち、いま私が水を飲んだとすれば、私のこの身体の動きは、ある原因によって必然的に引き起こされている。その原因とは、のどが渇いたということであろう。むろん私は、のどが渇いたからといって、必ずしも水を飲むわけではない。しかし、のどが渇いたにもかかわらず水を飲まなかったとすれば、そこにはやはり、そのことを引き起こした必然的な原因――たとえば、当の水のかすかな腐臭――があることになろう。いずれにしても、目下の私の動きは、それに先立つ原因によって必然的に定められている。そして、この原因、つまり、のどの渇きや水の腐臭等には、これまたそれに先だって、それを必然的に引き起こした原因があることになる。そしてこの原因にはまたその原因がというわけで、私がいま水を飲むか飲まないかは、すでに太古存在した原因によって、必然的に定まってしまっていることになる（強固な因果の連鎖）。これが、身体的・肉体的存在としての私たちが存する「感性界」のいわば掟なのである。

だが、そうであるとするならば、私たちが「知性界」の一員であることによって自由だなどということが、ありうるだろうか。よく例示される限界状況にまで立ち入るならば、いま、私は激しいのどの渇きに襲われている。しかし、手元にある水はすでに少量である、という。この水を私は、同様の状態の友人に、半分なりとも分け与えるべきである。ここで私は、自らの欲求のままに水をすべて自分で飲んでしまうこともできるが、他方、カントによれば、「知性界」の一員として、そうした欲望から身を引き離し、水を友人に分け与えることもできる。つまり、自由に振る舞うこともできる、というのである。しかし、私の身体（肉体）がいまどのように動くかは、太古より、「感性界」の掟として定まってしまっているのである。むろんそうしたなかで、ことによると私は、友人に水を分け与えるかもしれない。しかし、もしそうだとしても、私は、太古より因果必然的にそう動くように決まっているから、そう動くということにつきる。つまり、総じて、太古よりの「感性界」の掟を無視して、いま私が私の身体（肉体）を自由に動かすなどということは、原理的あるいは定義的にできないのである。私たちにできるのは、せいぜいのところ、欲求・欲望に引きずり回されることなく、沈着冷静に、つまり自由に振る舞っている自分を、頭の中だけで思い描くことだけだろう。だが、そうであるならば、世界（宇宙）は因果必然的であり、かつ、私は自由だなどと言えるだろうか。世界（宇宙）が因果必然的であるとすれば、私は自由ではない。そして、私が自由なのだとすれば、世界（宇宙）の因果必然性はやはり破れてしまっていよう。カントの提示したアンティノミー（二律背反）は、依然として明白な矛盾として現前しているのである。

二世界論の有意性

このようにして、カントの論じる二世界論は、不可解であり、理不尽であるとも言いうるものであるわけだが、にもかかわらず、それは大きな意味をもち続けた。というのも、当の二世界論の出発点であるアンティノミーだが、それは、カント自身が述べたように、「理性が自ずと、しかも不可避的に陥る矛盾」（B 433-4）なのだからである。

私たちは、日常たしかに、世界は因果必然的だと考えていよう。ガソリンに火を近づければ、それが原因で、その結果、必ず（必然的に）ガソリンは発火する。スイッチを入れれば（原因）、必ず電気はつく（結果）。もしつかなかった（結果）とすれば、そこには、それを引き起こした必然的な原因（たとえば、電球や蛍光灯の不具合）がある。一定の体質等の条件のもと、ヘビーな喫煙をすれば、それが原因で必ず何らかのガンが発症する（結果）。このようなさまざまな因果必然性は、必ずや洗練されて、総じて厳密な科学法則となろう。私たちの世界（宇宙）は、こうした厳密な科学法則で満たされている。つまり、因果必然性が完璧に支配している、と私たちは考えていよう。

むろん、こう言えば、たちまち反対の手が上がろう。すなわち、現代の最先端の科学は、こうした因果必然性、あるいは法則必然性といったものを否定しているのではないか。カオス理論なるものによって、世界（宇宙）の将来が予測できないことはすでに明らかなのだし、また、およそ無原因、無法則な事態が発生しうるということも、さまざまな理論によって裏づけられているのではないか。世界が因果的・法則的に必然的であるなどということは、すでに幻想なのではないか、と。

たしかに、そうなのでもあろう。しかし、だからといって私たちが将来の予測をやめてしまうわけではないし、無原因、無法則に発生するとされる事態を、そのまま放っておくわけでもないだろう。天気予報が打ち止めになることはないし、絶望的とされる地震予知も、放棄されることはないだろう。無原因、無法則とされる事態に対する科学的な探求も、全面撤退に至ることはないだろう。なぜそうなのかといえば、それは、私たちが、世界に起こることには、それを引き起こす原因が必ずあるはずだ――そこには科学的な法則性が必ずあるはずだ――と考えているからだろう。それは、カントの言うように、私たちの理性（知性）が、自ずと、不可避的にもたざるをえない一つの根本的な考えである、と言うことができるのではないだろうか。

そして、もう一つ、私たちが自ずと、不可避的にもたざるをえない根本的な考えが、私たちは自由だ、であろう。私たちは、因果必然性や法則必然性に縛られることなく、自由に振る舞えるのだ、と。

この二つの考えは、両立不可能、つまり矛盾であるわけだが、私たちは、自ずと、不可避的にこの矛盾に陥り、かつ、それをもち続けざるをえない。おそらくいまなお、世界中のほとんどの人たちが、この矛盾を抱え続けている。ただし、通常この矛盾が顕在化することはない。というのも、ダブル・スタンダードと言われるが、私たちは、この二つの考えを、その都度上手に使い分けているからである。コンピューターを使う。車を運転する。その他さまざまな機械を使いこなす。のどの渇きや空腹を感じ、飲んだり食べたりする。病気になれば、その原因を聞き取り、治療に専念する。こうした場合、世界は因果必然的であり、法則必然的であると考える。他方、私がさまざまに思いをめぐらせ、決心して振る舞う。この場合には、およそ必然性といったものは念頭にない。私は端的に自由であると考える。

このような私たちの日常的な考え方は、実は不可解で理不尽なのである。にもかかわらず、私たちは、ほとんど何の問題をも感じることなく、それを保持し続けている。いまや明らかだろう。それが、ほぼそのまま、カントの二世界論なのである。カントは、かの矛盾を調停するために、「コペルニクス的転回」を遂行し、かの二世界論に行き着いた。しかし、それによって、その課題を果たすことはできなかった。その失敗にもかかわらず、この二世界論は生き続ける。なぜなら実はそれは、私たちのほとんどがいまなおもち続けている、根本的な世界観なのだからである。

この根本的な二世界論の解消に、実に、その後多くの人たちが挑んだ。ヘーゲルもその一人なのである。そして、その論議こそが、ヘーゲルの自由論にほかならない。ここにヘーゲルの自由論が、そしてまさにヘーゲル哲学そのものが、誕生する。

ヘーゲルの自由論

自由といえば、私たちは通常、より便利で快適であることだと了解していよう。実際すでに、かつては想像のつかないような世界になってしまったが、私たちの子供の頃、標準的な家庭には、洗濯機も掃除機も冷蔵庫も電話もなく、テレビや、いわんやコンピューターなどもなかった。隔世の現在は、これらがあるのが当たり前で、なければむしろ、どうして、と聞かれるだろう。実に、煩わしい家事雑事から解放され、友人知人との連絡も思うがまま、世界中の状況が居ながらにして分かり、どこへ出かけるにも手元の機器が的確に道案内し、何をやるにも、同じく手元の機器が最善のやり方、最良の解答を教えてくれる。なんと便利で快適な世界なのか。なんと思うがままに何でもできる、自由で解放された世界なのか。

しかし、私たちはいま本当に自由なのだろうか。私たちは面倒なことから解放されて、どこに行くにも最短最速で行くことができ、たっぷりと楽しめる自由な時間がある。しかし、その自由な時間で私たちはいったい何をするのだろうか。友人たちと会って、おいしいものを食べ、楽しくおしゃべりをして、歌を歌う。一人でいるときはゲームを楽しむ。ときに買い物をし、音楽会に行き、旅行をする。やることは山のようにある。たしかにそのとおりだろう。しかし、そのように楽しく過ごしているとき、あなた自身、私自身は、いったいどこにいるのだろう。むろん、こんな問いを発すれば、ひたすらいぶかしげな顔で見返されよう。私は、そのように楽しく過ごしているのであり、そのように楽しく過ごしている私が、私自身でしょう。ほかのどこに私自身がいるのでしょう、と皆がこう言うだろう。

しかし、本当にそうなのだろうか。まずは、これほど楽しくはないときの自分は、どこに行ってしまっているのだろうか。日常、私たちはこれほど楽しくはない。つらく苦しい思いにも襲われる。むしろ、そうしたときの方が多いかもしれない。そのようなときの私は、私自身ではないとでも言うのだろうか。それも、まちがいなく私自身だろう。また、自らが満足して過ごしているときでも、貧困に苦しんでいる国内外の人々を思い、忸怩たる気持ちになることもあろう。迫り来る電車の直前に、線路に落ちた人を助けるために自ら線路に飛び降り、人を助け自ら死んだ青年に感動もしよう。このような私も、たしかに私自身だろう。私たちが本当に自由であるとは、このような私もまた、内にこもらず、外へと、社会へと解き開かれてはじめて、実現することなのではないだろうか。

こう言えば、おそらく誰も反対しないだろう。だが、しかし、と誰もが言うだろう。それは理想なのであって、とりわけ私たちの実生活は、思うようにならないことだらけで、不自由きわまりない。だからこそ楽しむ。つまり私たちはいわばつかの間の自由を楽しんでいるのだ、と。むろんそのとおりだろう。しかし、実生活が不自由きわまりないというのは、結局のところ、自分自身に縛られているからではないか。出世したい、金持ちになりたい、皆に注目されたいといった欲求・欲望から解放されれば、あるいは、解放されてこそ、私たちは本当の意味で自由になれるのではないか。

このような思いをめぐらせたうえで、もう一度カントの二世界論に立ち返るならば、かの便利で快適で楽しく自由な世界が、「感性界」（「現象」の世界）である。それは、現代では、高度な科学法則が駆使されるハイテクノロジーの世界であり、私たちの欲求・欲望が大いに満たされ、さまざまなロボットなどが全面投入されうる、物質文明の極地である。しかし、カントによればそれは、因果必然性の世界であり、そこにおいては、むしろ自由が全面否定される。それに対して、本当の意味で自由な世界――つらい実生活においても、欲求・欲望から解放されて、いわば真の自分自身を生き、貧困に生きる人々を配慮し、自己犠牲の振る舞いに感動する自分を、外の世界へと解放する世界――が、「知性界」（「叡知界」）である。カントは、この両世界を二世界として分離してしまったために、両世界を矛盾から解放することに失敗した。

これを受けて、ヘーゲルがもくろむのは、この相反する両世界の矛盾からの解放、つまり、両世界の一体化――二世界論の解消――である。これが、まずもってのヘーゲル哲学の課題であると言うことができよう。この課題とともにヘーゲル哲学が誕生する。そして、それが同時に、ヘーゲルの自由論の誕生なのである。それゆえに、ヘーゲル哲学における自由とは、私たちが、ますます強化されるハイテクノロジーによって獲得する自由ではない。また、カントが一方的に「知性界」にのみ認めたような自由でもない。つまり、欲求・欲望からの全面的な解放とか、自己愛の否定による一方的な他者救済とかといったものでもない。そうではなく、その自由とは、この両者の統一においてこそ成立する自由である。つまり、その自由論とは、一方で欲求・欲望を全面的に認めつつ、他方でそこからの全面解放を説くという、あるいは、一方で完璧に自己愛を認めつつ、他方でまた完璧に自己犠牲を説くという、まさに「感性界」・「知性界」一体型の自由論なのである。だが、そのような自由論は可能なのだろうか。いったいそれは、どのように論じられるのだろうか。

◉第二章

ヘーゲル哲学の時代区分　ヘーゲルの略歴

いまやヘーゲルの自由論の内実に立ち入らなければならないが、この論議は、ヘーゲル哲学の時代区分と密接に関わることになる。したがって、あらかじめここで、ヘーゲルの略歴を述べつつ、その哲学の時代区分に言及したい。あわせて、自由論に直接関わる限りでの各時代の特徴的な論議を垣間見ることとしよう。

誕生・ギムナジウム・大学

ヘーゲルの誕生は、かの作曲家ベートーベンと同年の一七七〇年である。誕生の地は、ドイツ南部の都市シュトゥットガルトで、父は主税局書記官という中級官僚であった。初等、中等教育は、地元のギムナジウムで受ける。ギムナジウムといえば、現在では中等教育機関（ほぼ中学高校一貫教育校相当）だが、当時この地では、初等教育機関（小学校）でもあった（つまり小中高の一貫校）。一七八八年（十八歳）、ギムナジウム卒業。ただちに、シュトゥットガルト近郊の地元の大学、テューービンゲン神学院に入学する。

ここでは学生たちは、最初の二年間、哲学部に所属し、その後神学部に進学して、三年間勉強する。ヘーゲルも当初哲学部に所属し、二年後の一七九〇年（二十歳）、哲学修士の学位を取得して哲学部を修了、神学部に進む。ヘーゲルは、神学の勉強にはおよそ熱心ではなかったらしいが、三年後の一七九三年（当年二十三歳）、神学部修了試験に合格し哲学部同様に学位を取得する。引き続き、宗教局の修了試験にも合格し、牧師補の資格を得る。この間、同年の詩人ヘルダーリンおよび五歳年下の早熟の哲学者シェリング（前述のドイツ観念論哲学者）そしてヘーゲルという三人の大学仲間のあいだに、親密な交友関係があり、神学部修了年の夏には、この大学仲間たちが、四年前のフランス革命に思いを馳せ、テューービンゲン郊外の草原に「自由の樹」を立てたと一般に言われる（ただし、現代のヘーゲル哲学研究者イエシュケの文献調査によれば、こうした交友関係等は必ずしも事実ではないという（Jaeschke 7））。

ベルン期（一七九三～九六年）

さて、大学修了後ヘーゲルは、八歳（女児）と六歳（男児）の二人の子供の家庭教師として、スイス・ベルンの貴族、フォン・シュタイガー家に住み込むことになる(Jaeschke 11)。ヘーゲルにとって、ここでの待遇は必ずしも満足のいくものではなかったようだが、このベルンでの住み込み家庭教師の時代を、ヘーゲルのベルン期とよぶ。

この時期、あるいは、すでにテュービンゲンの学生時代からではあるが、ヘーゲルは、神学に対するのとはおよそ異なり、宗教そのものに対しては非常に強い関心を示していた。弱冠二十二あるいは二十三歳の若きヘーゲルが、こう書き綴っている。

宗教は、私たちの生活のうえでの最も重要な関心事の一つです。……私たちは……毎週初日を宗教に捧げます。その日は、私たちには若い頃から、ほかのどんな日よりも美しく荘重な光に包まれて見えるのです。(1.9. ……は省略箇所。以下同様。)

これに続く、宗教をめぐる論議で興味深いのは、宗教を「客体的宗教」と「主体的宗教」とに区分するということである。それによれば、「客体的宗教」とは、頭の中できれいに整理され体系化されて、心の通わないものとなってしまった抽象的な宗教である。これに対して「主体的宗教」とは、人々の内面に宿り、旺盛に実践活動をする、生き生きとした個性的宗教である。これについてヘーゲルは、こう印象深く語っている。

主体的宗教は、自然の生き生きとした書物である。それは、諸々の植物、昆虫、鳥そして獣であり、それらは皆ほかのものと混じり合い一つになって生きている。それぞれが生き、楽しみ、すべてが混じり合い、あらゆる種類のものが一緒に見いだされる。——客体的宗教は、自然について教える教師の収納戸棚である。この教師は、昆虫たちを殺してしまい、植物たちを干からびさせてしまい、獣たちを剝製にしてしまうか、あるいは、ブランデー漬けにする。そして自然が区分した一切のものをひとからげに配列し、ただ一つの目的にしたがって秩序づける。けれども自然というものは、無限に多様な目的を絡み合わせて友情のきずなを作り上げているのである。（1.14）

人々の心の中に生き生きと生きる本物の宗教（「主体的宗教」）は、自然そのもの、生命そのものであり、そこにおいては、無限に多様化した生命が独自に、しかし「友情のきずな」のもとで分離分裂することなく、「一つになって生きている」。むろん一人一人の人間も一個の生命である。これに対して、教義として整然と書かれ語られる宗教（「客体的宗教」）は、偽りの宗教である。そこにはおよそ生命がなく、あるのは形骸化した生命、つまり剝製もしくは標本であるにすぎない。人間もまた同様に形骸と化し、これら一切が、抽象的な神のもとに序列化され、およそ平板に並べられているだけである、という。これはむろん、当時の形骸化した（「客体的宗教」と化した）キリスト教に対する不平であり不満である。ヘーゲルは学生時代、神学という教義論に対し興味を抱かなかったわけだが、それは、ヘーゲルが心のうちに、このような宗教に対する熱い思いをもっていたということとおそらく無縁ではないだろう。

自由論との関連で見れば、「客体的宗教」という観点は、カントの論じた「感性界」（「現象」の世界）——因果必然性・科学理論・テクノロジーの世界——と密接に関わりうるということである。すなわち、ヘーゲルは、「客体的宗教」とは「悟性と記憶」

(1.13)によって作られる宗教であると言うのだが、カントの言う「感性界」もまた、「悟性」によって整序される世界なのである。このいずれにも関わる「悟性(Verstand)」とは、物事を認識するいわゆる知性で、日常的な知性も科学的な知性も、いずれも悟性である。私たちは一般に、この知性において、物事の何であるかを知り、科学的に探求し、さまざまな知識を得、道具や機器を創り出し、それを利用しつつ社会生活を営む。むろんハイテクノロジーも悟性の産物である。いまやこれによって、自然そのものが、世界そのものが、余すところなく解明され、私たちがそれを思うがままに利用し操りうるかのような様相を呈してもいる。

しかし、むろんそんなことはできないのだということを、すでにカントが十分にわきまえていた。だからこそカントは、「感性界」(「悟性」の世界)のほかに「知性界」(この「知性」とは「悟性」ではなく、後に見る「理性」である)を立てた。そして、ヘーゲルが、いま、こう論じようとしているのである。悟性は、本当は、自然そのもの、世界そのものをとらえることはできないのだ、と。自然・世界とは生命である。ところが悟性のとらえる自然・世界においては、生命がことごとく失われてしまう。生命が、生命のない単なる物質の集まりにすぎないものとなる。その世界は、どんなに豊かで便利で快適に見えようと、実は、単調でテクニカルな、物質が集散離合するだけの貧しい世界なのである。ここに産み出される宗教が「客体的宗教」なのだ、と。ここには本当の私たち、生き生きと生きる私たちは存在しない。つまり、本当の意味での自由はない。それを、ヘーゲルは、いまは「主体的宗教」に求めているが、後には、「感性界」と「知性界」との統一という哲学的な論議のうちに求めることになるのである。

フランクフルト期(一七九七〜一八〇〇年)

ベルンに三年ほど滞在したヘーゲルは、一七九七年初頭、ヘルダーリンの紹介で、今度は商人、ゴーゲル家の住み込み家庭教師となり、郷里にほど近いフランクフルトに移る。この商家で教えたのは、イエシュケによれば、九歳から十歳の二人の男の子と、そのほか二、三人の女の子だということだが (Jaeschke 15)、ヘーゲルはここでの生活に大変満足したようである。このフランクフルトでの家庭教師の時代を、ヘーゲルのフランクフルト期という。

この時期においても、「主体的宗教」と「客体的宗教」は、一つの中心テーマである。悟性が力を発揮して、宗教を客体化することは、「宗教の死にほかならない」(1.409)。

宗教を悟性から解放し、その主体化を図ることこそが重要なのである。それは、もとよりキリスト教論として論じられるのだが、同時に、悟性からの解放の問題として、哲学的な観点をも取り込みつつ、一般的な実践論としても展開される。ここで着目しておきたいのは、そうした実践論としての闘争論である。

一般に私たちは、多くの一定程度の権利をもっていよう。現在の私たちの身近な世界に目を向ければ、「健康で文化的な最低限度の生活を営む権利」（日本国憲法第二十五条）というものが、一番基本的な権利だろう。しかし、総じてこうした権利とは、つねに他者の権利と衝突する。「生活を営む」権利も、つねに他者の当の権利と衝突する。生きるということは、つねに他者と衝突すること、闘争することなのである。むろん、私は他の人々と衝突するようなことはない、いつでも和やかに楽しく生きています、という人はいるだろう。しかし、心から、いつでも和やかに楽しく生きている人などいるのだろうか。私たちは、ある人々とどんなに円満に過ごしていようとも、何かしらの不平・不満を必ずや抱いていよう。しかし、それを表に出さずに、穏やかそうに過ごしている。それがたしかに〈おとな〉というものだろう。それは悪いことではない。それどころか、不可欠の生きる技法であろう。だが、ある種の欺瞞であることもたしかだろう。私たちは、自分を取り巻く人々と本当はいつでも衝突している、いわば潜在的にはいつでも闘争している。この潜在的な闘争が、しばしば顕在化する。

ヘーゲルの表現によれば、私たちが生きるということのうちには、「死、対立、悟性が存している」（1.422; vgl. 1.380. vgl. は参考参照箇所の指示）。すなわち、私たちは「悟性」の働きによって、便利な道具や機器をつくり出し、さまざまな権利を行使しつつ、そこそこ快適な生活をする。だが、それは、私たちの欲求・欲望が絶えずあおられ、増大する世界である。こうしたなか、私たちは、平素平穏な日常生活を営む。しかし、それは、そのまま同時に、「死と対立」の世界、闘争の世界なのである。

それはまずは、「自然」との闘争の世界である。私たちは当然の権利として生きる。しかし、私たち人間が生きるとは、とりもなおさず他の生き物たちと戦い、殺すということである。私たちは日々、知恵（「悟性」）を働かせて主食品、野菜、果実そして動物たちの肉を自らに存分に供給し、食べる。その際、動植物をはぐくみ育てもするが、結局はそれらの多くを刈り取り、殺す。私たちはまた、木々を伐採して瀟洒な家や街を造成し、さらには現代では、「悟性」が渾身の力を発揮して、原子力利用を実現し、夢の世界を描きつつ、他方、徐々にあるいは一瞬に、私たち人間を含めたこの上なく多数の生命を殺傷する。これらは、まちがいなく自然もしくは生命との闘争であろう。通常私たちに、生命との闘争という意識は希薄である。また、原子力による殺傷という ことを除けば、罪の意識も希薄である。しかし、ヘーゲルによれば、それは、「犯罪ではない罪」(1. 346)、「罪なき罪」(1.347)なのである。そして、この「罪」のゆえに、私たちは、自然もしくは生命の復讐を受けるのだという。

> 生命を殺すことによって、よそよそしい他なるものが産み出される。……生命を無きものにするということは、生命が作り替えられて敵となったということにほかならない。生命は不死である。それは殺されると、恐ろしい生命の亡霊となって立ち現われ、この亡霊が自らの分身を総動員して、復讐の女神エウメニデスを解き放つ。(1.342)

女神エウメニデスの復讐を、ヘーゲルは、私たちを襲う「運命」ともよぶが、ここにはまさに「死、対立、悟性が存している」。私たちはこうして、自然もしくは生命との果てしない闘争を遂行する。そして、この闘争の一形態が、私たちの周辺の人々との闘争であろう。私たちは、自らの欲求・欲望を自然的な生命に向けるが、しかし、この同じ欲求・欲望を、同時に他の生命つまり他の人々にも向けるのである。それは多くの場合隠されたままだが、ときに表出する。とはいえ、その際にも、欲求・欲望は必ずしもむき出しにはならない。それは、おおむね悟性のもとで（知性的に）語り出され、しばしば理路整然と表明される。しかし、その場合でも、それがそのまま満たされることはまずない。ここに生命の分離・対立が顕在化する。私は「〔他の〕生命と闘争する生命」（1.348）となる。他者もまた同様である。私たちは、生きる権利を同等にもつ二つの生命として、果てしない闘争を遂行するに至る。これについて、ヘーゲルは、こう述べている。

権利とは、思考されたものであり、したがって普遍的なものである。……それゆえにここには、……二つの普遍的なものが存することになる。まさにそのようにして、闘争する両者が現実的なものとして対立し、生命と闘争する生命という、二つの生命となる。……傷つけられた者が自己防衛することによって、攻撃する者が同様に攻撃される者となり、それによって自己防衛の権利を獲得する。こうして両者が［等しく］権利をもち、両者が戦闘にはいる。（ibid.）

私たちは、悟性のめざましい成果のおかげで、欲求・欲望が存分に満たされ、大いに便利で快適な生活を営んでいる。しかし、この便利で快適な世界が、同時に大いなる不平・不満の世界でもあり、絶えざる闘争の世界なのである。それが「死、対立、悟性」の世界である。そして、目下のヘーゲルにとっての関心は、総じてこの世界を、どのように乗り越えるのか、である。

ここで、この時期ヘーゲルが最重要と見なした一つが、「愛」である。それは、キリスト教論のなかで、イエスの教えの核心とされるものだが、私たちは、この「愛」によって、私たちを襲う「運命」と、また、自らが争う他の人々と全面和解することができる（1.346, 351）という。ただ、いま着目したいのは、こうした「愛」とともに提示される、一切の固執からの解放という視点である。すなわち私たちは、自らの欲する何物にも固執しないこと、つまり総じて自分自身に固執しないこと——「自らを殺す」こと、「無きものとする」こと——によって、「あらゆる運命を越え出てしまう」のだ、という。

人は、自らを守るために、自らを殺す。自らのものが他人の支配下にあると見ないために、人はそれをもはや自分のものだとは言わない。こうして人は、自らを保持しようとすることにおいて、自らを無きものとする。……こうなると不幸が非常に大きくなりうる。すなわち、人の運命、この自殺が、人を生命の断念にまで追いやり、人が完全に空虚のうちへと引きこもらざるをえないほどになるのである。けれども人はこうして、このうえなく完璧な運命と自ら対座することによって、あらゆる運命を越え出てしまうのである。(1.350)

何物にも固執しない(「自らを殺す」)ということ自体が、すでに「運命」に襲われているということである。それは、このうえなく不幸で惨めな状態である。しかし、この「運命」と真摯に対座し、それを全面的に受け入れてしまう。このことによって私たちは、この「運命」そのものを乗り越えてしまう。他者との全面的な和解をも現実のものとする。キリスト教論の枠内で論じられる、この論議が、後のヘーゲルの自由論の源となるのである。

イェーナ期（一八〇一〜〇六年）

フランクフルトに移って以来の転機は、ほぼ三年後、一八〇一年の初頭に訪れる。この期にヘーゲルは、フランクフルトから、イェーナに移り住む。この地、イェーナは、ゲーテ（一七四九–一八三二）とシラー（一七五九–一八〇五）の交流の町として知られているが、一七八九年から二年ほどシラーは、当地のイェーナ大学で教鞭を執っていた（現在のこの大学の正式名はフリードリヒ・シラー大学イェーナである）。その後、フィヒテ（ドイツ観念論哲学者）や、ドイツロマン派の立役者、F・シュレーゲル（一七七二–一八二九）なども教鞭を執り、ここは、当時一つの文化的中心地であった。この地に移り、ヘーゲルは、大学に職を求めるべく活動を開始する。二年ほど前に、父親の死去に伴う遺産金が手に入り、家庭教師職から解放されるに至ったのである。そこで、この地でヘーゲルが頼ったのは、すでにイェーナ大学教授として活躍していた、五歳年下のかのシェリングである。

シェリングとの密接な関係のもと、ヘーゲルは、イェーナ到着早々に、最初の著書『フィヒテとシェリングとの哲学体系の差異』の執筆に取りかかり、一八〇一年十月に公刊する。また、この執筆と平行して、教授資格の取得活動を遂行する。まずは、自らの提起した十二のテーゼ――「矛盾は真理の、無矛盾は誤りの規則である」(2.533)は、その第一テーゼ――をめぐる公式の討論会で討論を行ない、その後、論文『惑星軌道論』を大学に提出するとともに、試験講義を行なう。これが終了したのが同年十月であり、この終了とともに、首尾よくイェーナ大学に私講師(聴講生からの聴講料収入のみで、大学からの報酬はない)として採用される。その後、シェリングと共同で『哲学批判雑誌』を編集、諸論文を執筆する(一八〇三年秋、シェリングはヴュルツブルク大学へ転任)。一八〇五年、ヘーゲルは員外教授(ほぼ准教授に相当、ただし、しばらくは大学からの報酬は依然なかった)に就任。この頃から、第二の著書『精神現象学』の執筆が始まり、一八〇六年末に完成する(出版は翌一八〇七年)。この完成の年までを、ヘーゲルのイェーナ期とよぶ。この期の最終年後半は、ナポレオン率いるフランスとプロイセン(後のドイツ)とが交戦状態にあり、十月にはイェーナにおいて大規模な会戦が行なわれるが、イェーナの町はそれに先だってすでにフランス軍に占領されていた。「馬に跨がり町を通り抜ける」「世界の魂」を見たと言って、ヘーゲルがナポレオンの馬上の姿に感嘆したというのは有名な話だが、それは、この時のことである。翌一八〇七年ヘーゲルは、混乱するイェーナを去り、現在にまでその美しい町並みを残すバンベルクに、新聞の編集者として移り住む。

　イェーナ期とは、こうしてヘーゲルが始めて大学の教員生活を送った時期であるわけだが、それは実に、ヘーゲルのみずみずしい思想が、このうえなく生き生きと展開された時代であった。

　その点でまず着目すべきは、ヘーゲルの哲学宣言とも言いうるものだろう。イェーナ期より以前においては、ヘーゲルにとって、宗教は哲学よりも地位が上であった。哲学は宗教の単なる「召使い」であるとされた中世であるかのように、その時期ヘーゲルは、こう述べている。「宗教の登場とともに、哲学は終わる」（1.422-3）、と。しかし、イェーナ期の初頭、その地位は逆転する。むろん「愛」や「宗教」は重要である。しかし、それ以上に重要なのは、いまや哲学なのである。その意味は、「絶対者」つまり神を思考すること、知的にとらえるということこそが重要だ、ということである。神を知的にとらえる哲学によってこそ、かの「感性界」（「悟性」の世界）と「知性界」（「叡知界」）との統一も実現する。それによって、また、私たちにとっての真に自由な世界が開かれる、というのである。

　こうしてヘーゲルにおいて、いま始められようとする哲学、そしてそれによって開かれようとする真に自由な世界こそが、私たちのテーマである。ただ、いまは、ヘーゲルのその哲学宣言、およびそれと密接に関係する、「無」（「絶対的な無」）の重要さの表明のみを、見ておこう。

絶対者が意識に対して構成されるべきである。（2.25）

絶対者は反省され定立されるべきである。（ibid.）

これが哲学の課題である。（ibid.）

哲学のまずなすことは、絶対的な無を認識することである。（2.410）

絶対者・神は、宗教において感受されるのみでは不十分である。それ以上にそれは、そのものとして知的に捉えられる――「意識に対して構成される」・「反省され定立される」――のでなければならない。これこそが哲学なのだが、哲学はまずは「絶対的な無」を認識しなければならない。こうした哲学宣言のもとで、ヘーゲル哲学が、そしてヘーゲルの自由論が、これ以後生き生きと展開される。その頂点が、この時期の最後を飾る『精神現象学』なのである（第五章、第六章、第七章参照）。

ニュルンベルク期（一八〇八〜一六年）

さて、新聞の編集者としてイェーナからバンベルクに移り住んだヘーゲルは、一定額の収入も保証され、以前から関心を抱いていた政治的な諸問題に目を向け、記事執筆に携わった。ヘーゲルにとっての政治改革の範は、ナポレオンにあったわけだが、行政府はバイエルン政府（首都ミュンヘン）であり、行政府からの新聞記事への圧力は非常に強かった。それゆえに、ヘーゲルは新聞社を「新聞ガレー船［奴隷酷使の軍船］」と表現し、そこからの脱出を望んだ。第一の希望は、イェーナ大学への復帰であったが、叶わないなか、バイエルン政府高官である旧知のF・I・ニートハンマー（一七七六–一八四八）の推挙で、ニュルンベルク・ギムナジウムの校長兼哲学的予備学の教授に就任し、一八〇八年終盤、バンベルクにほど近い町、ニュルンベルクに移り住む。この時から、一八一六年、正教授としてハイデルベルク大学に赴任するまでの期間を、ニュルンベルク期という。

この時期ヘーゲルは、給与の滞りにより、金策に動くということもあったようだが、一八一一年秋には、ニュルンベルク市議会議員の娘と結婚。生まれてすぐの長女を亡くすが、二人の男児は、それぞれ成長してエアランゲン大学教授およびブランデンブルク州宗教局長官となった（ちなみに、ヘーゲルには、幸福な生涯を送ったとは言いがたい一人の非嫡出の男児がいる）。

このニュルンベルク期は、まずは、第三の著書『論理学（*Wissenschaft der Logik*）』の著述、出版の時期として特徴づけることができよう。イェーナ期においては、「論理学」はまだ「形而上学」（本来の哲学）と区分され、「形而上学」の前段階と見なされていた。しかし、『精神現象学』の完成を待っていたかのように、いまや両者は、「純粋概念」の学としての「論理学」へと一体化される。その「論理学」が、このニュルンベルク期に、多岐にわたる考究を経て、『論理学』全三巻として公刊される。

その構成は、まずは大きく二つの部分からなる。その前半部が「客観的論理学」、後半部が「主観的論理学」と名づけられ、この前半部「客観的論理学」がさらに二部分からなる。その第一部が「存在論（Die Lehre vom Sein）」、第二部が「本質論（Die Lehre vom Wesen）」である。そして、後半部「主観的論理学」がそのまま「概念論（Die Lehre vom Begriff）」ともよばれる。こうしてそれは、「存在論」「本質論」「概念論」の三部構成とも見ることができるのだが、この三部のそれぞれが、一八一二年から一六年にかけて順次一巻本として出版された。いまは、自由論との関連で、この「本質論」末尾から、次の一節を引いておこう。

必然性は、それが消え去ることによってではなく、ただ、その内的な同一性が顕わになることによって、自由となる。……また同時に、偶然性が自由となる。（6.239）

すでに述べたように、カントの提起する「感性界」とは、徹頭徹尾因果必然性の世界であり、自然科学的世界、テクノロジーの世界である。それは、便利で快適な世界だが、欲求・欲望にとらわれた世界である。それは、欲求・欲望（一切の固執）から解放された「知性界」と一つにならなければならない。そうであることによって、真の自由の世界が実現する。ヘーゲルは、この世界を求めるわけだが、それは、「必然性が消え去ることによって」、つまり、因果必然性が消えてなくなることによって、獲得されるわけではない。そうではなく、「その内的な同一性が顕わになることによって」、つまり、原因と結果とは実は同一なのだと了解されることによって、現実のものとなる。こうした論議のもとに、真の自由の世界の実現が、論理的に提示されることになる。この論理の展開は、第八章に譲ろう。

さて、『論理学』の著述、公刊と並んで、ニュルンベルク期を特徴づけるもう一つのものが、ヘーゲル自らの哲学の体系化の試みである。ヘーゲルは、哲学的予備学の教授として、論理学、そして法論、義務論、宗教論等を講義しつつ、自らの哲学体系の構築に意を注ぐ。その結実が、次のハイデルベルク期に公刊される『哲学的諸学のエンツュクロペディー綱要』（以後『エンツュクロペディー』と略称）である。

ヘーゲルは、こうして哲学の領域で着々と実績を積み、いよいよ待望の大学教授の職に就くことになる。一八一六年夏、同時にベルリン大学への招聘の話ももちあがるなかで、ヘーゲルは、ハイデルベルク大学への赴任を決めるのである。

ハイデルベルク期（一八一六〜一八年）

一八一六年秋、ヘーゲルはハイデルベルクに到着、早々に講義を始める。講義内容は、「哲学史」「論理学と形而上学」「人間学と心理学」「美学」、そして「エンツュクロペディー」等と、多岐にわたるが、この時期、特筆されるべきは、やはり『エンツュクロペディー』の出版（一八一七年）である。この書には、ヘーゲルの構想する哲学体系の全体像が描き出されているわけだが、それは次のような構成となっている。まずは、全体が、「A」「B」「C」の三部からなり、そのそれぞれがさらに三部からなる。

A．論理学
　第一部　存在論
　第二部　本質論
　第三部　概念論
B．自然哲学
　第一部　数学
　第二部　物理学

第三部　有機体の物理学

C．精神哲学

第一部　主観的精神

第二部　客観的精神

第三部　絶対的精神

この体系の枠組みは、一八二七年に本書の第二版が出版される際に、「B」の「第一部」が改変され、「機械的連関（Mechanik）」となるが、それを除けば、ヘーゲルの哲学体系として一貫して保持されたものである。ただし、本書は、正規のいわゆる著書ではなく、講義の参照図書として出版されたものである。一八三〇年には、第二版を踏襲した第三版が公刊される。そこにおいても、一貫した体系性が保たれるが、詳細に関しては、なお彫琢の途上なのであった。

そのほか、ヘーゲルはこの時期、『ハイデルベルク年報』という冊子の編集の一翼を担っている。この冊子に掲載されたいわゆる『第二ヴュルテンベルク論文』（一八一七年執筆）――ヘーゲルはすでにフランクフルト期に未完の第一のヴュルテンベルク論文を書いている――は、自らの出身地シュトゥットガルトを中心都市とするヴュルテンベルク王国の政治情勢を批判的に論じたもので、その主張は、当地の政界に小さからざる影響力を発揮した。

この時期が、ハイデルベルク期とよばれるわけだが、当時のヘーゲルの日常生活は、妻と子供たちとともに過ごす、大学教授としての安定した状態にあった。この時期以後ヘーゲルは、色彩論をめぐりゲーテと親しく交わるが、プロイセンの初代文部大臣として活躍するアルテンシュタインとの交際もこの期に始まる。このアルテンシュタインが、ヘーゲルをプロイセンの首都ベルリンに迎えるのである。

ベルリン期（一八一八〜三一年）

一八一八年秋、ヘーゲルはベルリン大学で講義を始める。この時から一八三一年に亡くなるまでを、ヘーゲルのベルリン期という。この時期、この大学でヘーゲルは、論理学、自然哲学、精神哲学、歴史哲学、哲学史、法哲学、美学、宗教哲学等と多岐にわたる講義を行なうが、意外なことに、自らの手で、新たに正規の著書として出版したものは存在しない。ヘーゲルがこの間、著書として出版したもの（もしくは、出版物として脱稿していたもの）は、『論理学』の第一部「存在論」第二版（一八三二年）、『精神現象学』第二版（一八三二年）であり、また、すでに述べた『エンツュクロペディー』第二版（一八二七年）、第三版（一八三〇年）、そして、これと同様に講義の参照図書として執筆、公刊された『法哲学要綱』（一八二一年）であって、これらのみである。もっとも、これらのうち、『論理学』の「存在論」第二版、および、『エンツュクロペディー』第二版には、かなりの改訂が施されてはいる。さらにこれらの著書のほかに、目下ヘーゲルの著作として公刊されている諸書があるが、それらは、『歴史哲学講義』『哲学史講義』等との書名からも分かるように、ベルリン大学でのヘーゲルの講義を中心に、ヘーゲルの死後、まずは友人や弟子たちが、ヘーゲル全集の諸巻として編纂し公刊したものであり、また、その後これを引き継ぐ形で出版されたものである。こうして、この時期、ヘーゲルの主要な関心は、大学での講義に向けられていた。いまは、その講義内容である『法哲学要綱』（以後『法哲学』と略称）および『歴史哲学講義』（以後『歴史哲学』と略称）のなかから、「はじめに」で引いた自由に関するよく知られた短い文言を、あらためて三つ採りあげ、簡単に立ち入っておこう。

法の体系は、実現された自由の国であり、精神自身から生み出された、第二の自然としての精神の世界である。(『法哲学』第四節、7.46)

国家は、具体的な自由の現実性である。(『法哲学』第二百六十節、7.406)

世界の歴史は、自由の意識における進歩である。(『歴史哲学』、12.32)

法というものは、決して私たちの自由を制限するものではない。そうではなく、体系化された法においてこそ、私たちの自由は実現する。そこには、精神自身の生み出した精神の自由な国が開かれているのであり、その国とは、「第二の自然」、つまり、私たちが本来の姿で自然に生きる、生活世界にほかならない。そして、この精神の自由な世界が、国家において現実のものとなる。国家とは、法あるいは理性のもとで具体化する自由そのものであり、そこにおいては、自由が客観的に制度化され、現実化される。とはいえ、むろんあらゆる国家が、こうした自由の実現形態なのではない。むしろそれは、人々を抑圧するものでもある。しかし、だからこそ、自由の実現に向けて、国家のあり方が歴史的に展開する。世界の歴史とは、こうした国家の歴史であり、それは、私たちが自由であるという意識の進歩・進展にほかならないのである。ヘーゲルの自由論は、最終的には、こうして法論、国家論へと集約する。

このようにしてヘーゲルは、この時期、法論、国家論等多岐にわたって自らの哲学を存分に展開し、大学における確固たる地位を築き、一八二九年秋にはベルリン大学総長に就任、研究・教育活動の絶頂期を迎える。著名な宗教学者F・シュライエルマッハー（一七六八－一八三四）等という敵対者はいたものの、また、文部大臣アルテンシュタインとの親交のゆえに「プロイセンの御用学者」などと揶揄されつつも、ゲーテと親しく交わり、多くの同僚から尊敬され、学生たちから慕われ、一八三一年早々には叙勲の栄に浴す。オペラや絵画鑑賞も存分に楽しみ、息子が自らの講義を受講するといったことからも窺えるように、家庭生活も十分に満足のいくものであったようである。要するにこの時期ヘーゲルは、功成り名を遂げて、絵に描いたような幸せを享受していたと言っていいだろう。しかし、この頂点を極めた生活には、突然終止符が打たれる。いつもと変わらぬ朝食を日曜日の朝にとった後、突然吐き気を訴え、早くも翌月曜日午後には息を引き取ったのである。一八三一年十一月のことであった（享年六十一)。病名は、当時蔓延していた「劇症コレラ」。不可解なことに、その症状はまったく見られなかったということなのだが。ただ、人里離れた共同墓地に人知れず埋められるのが、この病による死者の定めであったが、ヘーゲルの場合、特に許されて、大学葬が執り行なわれ、その後、生前のヘーゲルの望みどおりに、ベルリン市内の市立墓地に埋葬された——フィヒテの墓と相並んで。

◉第三章

カント（二世界論）の超克

二重の「矛盾」

六十一歳で突然生涯を閉じたヘーゲルの哲学の、一つの一貫した最重要のテーマは、まちがいなく「自由」であった。私たちが自由であるとは、どういうことなのか、どう実現されうるのか。この問題をめぐりヘーゲルがもくろんだことは、すでに述べたように、カントの提示した二つの世界、すなわち「感性界」と「知性界」との統一であった。私たちが自由であるとは、たしかに一方で、自らの欲求・欲望（自己愛）が満たされ、便利に快適に生きることである（「感性界」の自由）。しかし、他方同時に、自らの欲求・欲望（自己愛）をうち捨ててでも、他の人々のために、社会のために生きようとすることでもある（「知性界」の自由）。この二つの自由の統一、この二つの世界の統一こそが、真の自由である。真の自由は、この統一においてこそ実現する。ヘーゲルは、こう考えようとする。この自由論の内実に、立ち入ってみよう。

悟性の世界——「絶対者」のみが見いだされない——

まずは、ヘーゲルが、「感性界」と「知性界」という、この二世界の統一を、どのようにして果たそうとするか、という点に着目しよう。この点をめぐる論議を、ヘーゲルは、イェーナ期の初期、かの哲学宣言を行なった第一の著書『フィヒテとシェリングとの哲学体系の差異』（以下『差異論文』と略称）において、主題的に展開する。それによれば、悟性の構築する世界（「感性界」）とは、まずもって、次のようなものなのである。

限定する力である悟性は、人間と絶対者との間に建てる自らの建物に、人間にとって価値があり神聖であるものの一切を結びつけ、それを、本性と才能の総力を挙げて堅固にし、無限に拡張する。ここには、限定されたものの全総体が見いだされうる。けれどもそこには、絶対者それ自体だけは見いだすことができないのである。……ここにおいて悟性は、自らを拡大して絶対者にまで至ろうと努めるが、しかし［実際は］ただ果てしなく自分自身を産出し、自分自身を嘲弄するのみなのである。（2.20）

すでに見てきたように、「絶対者」とは「神」と言いうるものだが、それは、また、そのまま「知性界」と言い換えることもできる。カントの説く「知性界」とは、私たちが自己愛を捨てて人々や社会のために生きる世界であるが、それは私たちが神のもとにいる世界であり、したがって神の世界でもある。そして、神の世界とはまた、神そのものでもある。こうして「絶対者」とは、神そのものである「知性界」でもある。この「絶対者」と人間との間に、悟性が建物を建てる、という。この悟性の構築する建物が、カントの言う「感性界」である。すでに述べたように、「感性界」とは悟性の世界であり、自然科学の構築する便利で快適なテクノロジーの世界なのである。

この世界を構築する悟性とは「限定する力」であると、ヘーゲルはまず言う。悟性とは、あらゆるものを限定し、一定のものとしてつかみ出す、私たちの能力なのである。それは、人間、その健康や病、また、馬や牛、桜やイチョウ、鉄や水、原子、電子、また現代では、さまざまな素粒子等々といった一切を、一定の特徴や特性に基づき、そのものとして限定し確定する。それらにはまた、さまざまな関係性が関与し、この関係性がしばしば法則として限定（特定）され、把握される。その限定は、神聖なものにも及ぶ。たとえば、神。神とは、全知全能、絶対の存在であると限定され、とらえられる。悟性は、このような限定された一切を相互に結びつけ、組み上げる。こうして、私たちの住む世界、「感性界」ができあがる。

この世界を、悟性は、自らの知的能力、つまり、その本性と才能の総力を挙げて、揺るぎない絶大なものとする。すなわち、物理学、化学、生物学、生理学、諸工学、医学、心理学、法学、経済学等々という壮大な学問の体系を築き、思ったことは何でも叶うかのような、空前の充足世界を実現しようとする。現代がまさにそうである。神々もまた、お金儲け、出世、受験合格、縁結び、子宝等々の神様と限定され、充足のよりどころとなる。「ここには、限定されたものの全総体が見いだされうる」のである。

しかし、とヘーゲルは言う。「そこには、絶対者それ自体だけは見いだすことができない」、と。欲求・欲望の満足（充足）のみが存している「感性界」が、その脱却の世界である「知性界」つまり「絶対者」と無縁であることは自明であろう。そこには何でもあるが、「絶対者」——およそ何ものとも限定されない「絶対者それ自体」——は存在しない。悟性は、視野を宇宙全体にまで広げ、それを完璧に把握し、神そのもの、「絶対者」そのものをもとらえようと渾身の力を振るうわけだが、そんなことはできない。悟性は、「ただ果てしなく自己自身を産出」するのみ。つまり、ただひたすら一切を限定するのみ。結局は、分かれば分かるほど謎は深まるばかりだなどと言って、自らを揶揄するのみである、とヘーゲルは言う。

悟性世界の崩壊

では、このような「感性界」は、どのようにして「知性界」（「絶対者」・神）と関係しうるのか。両世界はどのように一体化しうるのか。この点をめぐり、ヘーゲルは、まずは、こう言う。

ここにおいて絶対者に到達するのは、理性であり、理性がこの多様に分割されたもののそとに出ることによってのみである。悟性の建物がしっかりとすればするほど、輝かしいものとなればなるほど、部分としてこの建物にとらわれている生命の、この建物から出て自由になろうとする努力は、それだけいっそう揺れ動くものとなる。この生命が、理性として遠方へと歩み出ることによって、制限されたものの総体が同時に無きものとされる。それは、こうして無きものとされることにおいて、絶対者と関係し、それによって同時に単なる現象（Erscheinung）として把握され定立される。ここに、絶対者と、制限されたものの総体との間の分裂は、消失する。（2.20-1）

悟性は実際、全精力を注いで、自らの構築物を揺るぎない輝かしいものとするのだが、しかし、実はそれは、生き生きとした生命を切り刻み、固定化し、整理して秩序づけるという作業なのである。それは、ベルン期の「客観的宗教」の論述を想起させよう。この悟性の宗教は「自然について教える教師の収納戸棚」であり、この教師は、「昆虫たちを殺し」「植物たちを干からびさせ」「獣たちを剝製、もしくは、ブランデー漬け」にし、「自然が区分した一切のものをひとからげに配列」する、と。だが、生命は生きている。その収納戸棚に納まりきれない生き生きとした生命たちが、その生命力をまざまざと見せ始める。一般に、悟性は、高度な科学的知識をも駆使して、世界を、また、宇宙を、私たちが使いやすいように、分かりやすいように、切り刻み、整理整頓してみせるが、しかし、そこには、どんな高度な科学によってもとらえきることのできない躍動する宇宙が、自ずと姿を現わす。それは、悟性の拘束から「自由になろうとし、いっそう揺れ動く」。では、この揺れ動きによって、何が起こるのか。ほかでもない、それは、堅固な悟性の収納戸棚、つまり、その構築物が揺らぐということである。生きた宇宙は、科学法則という縛りをも逃れ、悟性の手の届かない遠方へと広がっていく。そして、それはまた「制限されたものの総体が同時に無きものとされる」ということなのだ、という。つまり、悟性の建物とは、そのつど構築されては崩れ去る単なる現われ（「現象」）にすぎない。それは、原理的に崩壊するというのである。

堅固な科学理論の体系さえも、生命の揺れによって崩壊し、無に帰する。とはいえ、とりわけ現代科学などは、自らが崩壊し、無に帰するなどということはおよそ認めないだろう。それは、自らを揶揄・嘲弄するなどということとはおよそ無縁で、ひたすら自らの輝かしい業績を誇るだろう。それは、「生命」をも平気で切り刻み、〈工学化〉する。しかし、現代科学が、どんなに無邪気な高笑いをしようとも、それは、躍動する生命のゆえに崩壊せざるをえない。つまり、それは、自然そのもの、「生命」そのものをとらえることはできないのだというのである。自然そのもの、「生命」そのものとは、ヘーゲルによれば、原理的に謎の世界なのだからである。このことの了解が、決定的に重要である。というのも、この了解によってこそ、「感性界」（悟性・科学の世界）と「知性界」（「絶対者」）とが「関係し」、両者の統一が果たされる――「絶対者と、制限されたものの総体との間の分裂は、消失する」――からである。しかし、このことを果たすのは、もはや悟性ではない。そうではなく、それとは異なるもう一つの知性、すなわち、「理性」である。理性とは、目下の引用文によれば、揺れ動く生命そのものなのである。

悟性から理性へ

だが、理性が揺れ動く生命であるとは、どういうことなのだろうか。引き続き、次の一節を見よう。

理性は、否定的な絶対者の力として、したがって、絶対的に否定するものとして現われる。……それは悟性をそそのかして客観的な［知の］総体を産出させる。……［けれどもまた］この理性の関与とその秘密の効用［によってこそ］……、悟性と

その客観的世界は、無限に豊かになったとき、没落するのである。(2.26)

理性とは、「否定的な絶対者の力」なのだという。「絶対者」とは、すでに述べたように、カントの「知性界」にあたる。それは、「感性界」、つまり「限定する力」である悟性の世界と相対立する世界であり、それゆえに、何ものも一定の何かとして限定されることのない世界である。そこにおいては、限定され一定の何かとして把握されるものは何もない。それは、すでに述べたように、神そのものであり、神の世界、道徳の世界であるのだが、しかし、とりわけヘーゲルにおいては、神や道徳も、限定された一定の何かとして把握されることはない。それは、およそ何も把握されることのない「否定性」の世界なのであり、これ以後徐々に論じるように、ヘーゲルはこの否定性を徹底して貫くのである。それで、目下の問題は理性だが、理性とは、このおよそ何も認識されることのない否定的な世界の——「否定的な絶対者」の——「力」なのだ、というのである。

この否定的な力とは、まずは、「生命」である。生命とは、一定のいかなるものとも限定されることのない、生き生きと躍動するものであり、限定された一切を打ち破る力なのである。だが、ヘーゲルによれば、この生き生きと躍動する力、つまり、「生命」とは、実は、理性でもある。すなわち、理性とは、それ自体、いかなるものとも限定されることなく、限定された一切を打ち破る力そのものなのである。しかもそれは、単にこのような否定的な力にとどまらない。それは、肯定的な力でもある。すなわちそれは「悟性をそそのかして客観的な［知の］総体を産出させる」というのである。私たちは、自らの悟性を精一杯働かせて、日常生活を快適に営み、広範な諸科学を打ち立て、世界を宇宙規模で限定し、理論化し、自らの確固たる世界を構築する。しかし、ヘーゲルによれば、それは、悟性が、一段上位の知性である理性にそそのかされてやっている、つまり、理性にやらされているのだ、というのである。

このような理性とは、宇宙的な生命、宇宙的な理性であるとも見なされよう。実際それは、後にヘーゲル自身によって、私たち人類の歴史を貫く「世界精神」というイメージでとらえ返されるものであるのだが、しかし、この宇宙的な生命、宇宙的な理性とは、同時に、私たち一人一人の生命、理性でもある。あるいは、宇宙的生命、宇宙的理性とは、私たち一人一人の生命、理性においてこそ、現実化し具体化する。私たち一人一人は、自らの悟性を働かせ、日常的あるいは科学的な営みを遂行するが、しかし、この営みは、実は私たち一人一人の理性が自らの悟性にやらせているのだ、というのである。そして、この理性が、悟性の世界（「感性界」）を打ち崩し、「感性界」と「知性界」とを一体化する。すなわち、理性は、悟性に、その力を存分に発揮させ、日常的、科学的な世界を堅固に構築させたうえで、この悟性という一段低次の知性の世界を、理性という一段高次の知性によって、ことごとく打ち砕く。言いかえれば、悟性という知性の世界を、外から力を加えて打ち砕くのではなく、その知性の世界の内側から、知性的に、突き崩すのである。具体的には、悟性の構築物には納まりえない、生き生きとした「生命」そのものを見据えつつ、以下に見る「矛盾」を突きつけるのである。こうして顕わになる悟性世界の構築と崩壊を、ヘーゲルは、総じて「理性の関与とその秘密の効用」であると言う。これによって最終的に、「制限されたものの総体」つまり「感性界」が「無きもの」となることが顕わになる。「ここに、絶対者〔知性界〕と、制限されたものの総体〔感性界〕との間の分裂は、消失する」。すなわち、「感性界」が無に帰することにおいて、そもそも全面的に否定性（無）の世界である「知性界」と一体化するというのである。

このような悟性と理性の論議は、もとよりカント哲学に由来する。「感性界」とは、そもそもカントにおいて、悟性の構築する世界であるが、神と道徳の世界である「知性界」も、すでにカントにおいて理性の世界である。そしてそれは、いかなる制限をも排除する世界であり、したがって一定の何かというものが存在せず、認識がおよそ成立しない世界、カントによれば「可能な経験の限界を超え出た」（B423）世界である。私たちは、神、そして、道徳——自己愛からの全面脱却——などということそれ自体を認識することはできないのである。この意味で、「知性界」とは、カントにおいても全面的に否定的な世界であると言うことができよう。

だが、カントにおいて、この否定性が貫徹されることはなかった。というのもカントは、この否定性を理論的な観点に限定し、実践的な観点からは、これを肯定性へと転倒するからである。たとえば、カントは道徳論において、よく知られているように、悪に対する「無制限の善」なるものを限定し、それを「善意志」（Ak.4.393）と規定した。それは、理論的には認識できない。しかし、実践的には、このうえなく明瞭にとらえうるというのである。これは、「知性界」における実践的な認識である。だが、これによって、二つの世界が並立するという事態が避けられなくなったのである。その二世界とは、理論的に認識できる「感性界」（悟性の世界）と、理論的にはとらえられないが、実践的にはとらえうる「知性界」（理性とりわけ実践理性の世界）とである。

これに対してヘーゲルは、否定性を徹底するのである。神であれ道徳であれ、何らかの仕方で限定されたものは、真実ではない。善についても、それが悪から区分され限定されて、それ自体として存在するわけではない。むろん、善、悪という区分は存立するが、その区分は、つねに同時に解体し廃棄されている（一五五頁、一九八-九頁など参照）。「知性界」においては、一定の限定されたもの、そうしたものとしてとらえられるもの、認識されるものは、何もない。それは、徹底した否定性の世界である。それが、理性の世界である。理性は、何も限定せず、何も認識しない。そしてそれは、そうした否定性の力なのである。つまり、何物かとして限定され認識されうるものを、ことごとく否定し、無きものとする。ここに、否定され無きものとされるのは、——理性にそそのかされて——悟性が打ち立てた壮大な建物、すなわち、「感性界」の全体である。それは、理性によって内在的に打ち砕かれ無に帰するものであることが顕わになる。それによって「感性界」は、徹底した否定性、無の世界である「知性界」と一体化するのである。

ただし、「感性界」は、このように無に帰するのだが、「感性界」そのものが、なくなってしまうわけではない。というのも、私たちは、決して何ものも認識できない、無の世界を生きているわけではないからである。私たちの実生活は、確固たる諸科学によって裏打ちされ、きちんと善悪の区別のある世界、つまり「感性界」において営まれる。ただ、この世界は、まさに私たちが実生活を営む世界であり、そうした世界として私たちが、時代時代に応じてそのつど作り上げる世界である。それは、私たちがそのつど区分し、限定し、区画整理する世界である。こうした「感性界」をヘーゲルは、カントが「現象（Erscheinung, Phaenomenon）」の世界と名づけたように、やはり「現象（Erscheinung）」の世界とよぶ。それは、私たちが生活を営む世界としては、つねに現に存在する。しかし、それはあくまでも「現象」の世界なのであって、存在そのものではない。存在そのものという観点からすれば、それは、徹頭徹尾無に帰する世界（「無」）なのである。

ここで、先に触れた哲学宣言を思い起こしておこう。それは、絶対者・神を、宗教において感受するのみではなく、哲学において知的にとらえなければならないというものであった。この宣言が、目下の論議において具体化されている。すなわち、理性は、悟性に日常的、科学的な壮大な世界を構築させる。そのうえで、この世界を、内在的に打ち砕く。ここに悟性の世界は無に帰することが顕わになり、「知性界」つまり絶対者・神と一体化する。実に、これが、「知性界」つまり絶対者・神の知的認識なのである。むろん、いまやすべては無に帰しているのだから、何も認識することはできない。しかし、悟性の世界、すなわち、私たちが認識しうるもののすべてが崩壊し無に帰するということは、認識されている。固定化されたすべてのものを打ち砕く躍動する生命といってもいいが、ここにおいては、この絶対的な否定性の力（「否定的な絶対者の力」）が、とらえられているのである。これこそが、「意識に対して構成され」「反省され定立された」「絶対者」であり、「絶対的な無を認識すること」にほかならない。これが、ヘーゲルにとっての「哲学の課題」であった。実際、ヘーゲルはこの課題をまた、次のように表現している。

哲学の課題は、……存在を非存在のうちへと――生成として定立すること、分裂を絶対者のうちへ、絶対者の現象として、また、有限なものを無限なもののうちへ――生命として、定立することにある。(2.25)

「存在」、つまり、悟性によって限定され認識可能となった「感性界」の諸存在を、ことごとく打ち砕き、「存在」が「非存在」となるという、この「存在」の「非存在」への「生成」をとらえること。また、「分裂」、つまり、もともとは分裂のない唯一の全体が引き裂かれ固定化されたもの(「感性界」)を、この全体つまり「絶対者」(「知性界」)のうちに取り込み、一体化して、引き裂かれたもの(「感性界」)を「絶対者の現象」とすること。そして、「有限なもの」(「感性界」)を、「無限なもの」(「知性界」)のうちに取り込み、ここに生き生きと躍動する「生命」をとらえること。これが「哲学の課題」である。さらに、こう言われる。

反省は絶対者との関係をもつ限りにおいてのみ、理性である。そしてその行為は知であるわけだが、この関係によってその成果は消えてなくなる。残るのは、この関係のみであり、この関係が認識の唯一の実在性である。(2.30)

「反省」、つまり、私たちの思考は、通常は悟性である。私たちは、悟性の世界(「感性界」)において、日常生活を営む。そうした「反省」が、理性であるのは、それが「絶対者」(「知性界」)と関わる限りにおいてである、という。もとより「反省」の「行為」は、総じて知るということ、認識するということであり、したがって、それは、まずは、悟性の行為である。しかし、悟性の打ち立てる知(認識の輝かしい成果)は、「絶対者」(「知性界」)と関係することによって、つまり、「反省」(思考)がいまや同時に上位の知性としての理性であることによって、内在的に突き崩され、無に帰するということが顕わになる。ここにおいて、悟性の成果(「感性界」)が「絶対者」(「知性界」)と関係し、無へと崩れ去るという、内在的な躍動(運動)が、認識される。これこそが「認識の唯一の実在性」つまり「絶対者」(「知性界」)の認識である、という。この認識が、ヘーゲル哲学の課題であり、また、ヘーゲル哲学そのものなのである。

「絶対的な無」の認識という観点によるならば、このような認識こそが、この「無」

の認識にほかならない。それは、決して空疎な無の認識ではない。そうではなく、「生成」そして「生命」の認識であり、内在的な躍動（運動）の認識なのである。この「絶対的な無」の認識こそが、「感性界」と「知性界」との一体性の把握にほかならない。そして、それは、さらにまた、ヘーゲル哲学の重要概念と密接に関連するのである。その重要概念とは、「矛盾」および「同一性と非同一性との同一性」（「絶対的な同一性」）である。引き続き、これらに論及しておこう。

「矛盾」（悟性的な矛盾）

ヘーゲル哲学といえば、しばしばそれは、矛盾の哲学であると言われるが、実際、この哲学においては、物事の矛盾というあり方が、一貫して重要な役割を果たす。その矛盾というものの内実が、この「絶対的な無」――「感性界」と「知性界」との一体性――の論議において明瞭に語られている。それは、私たちが一定の何ものかとして認識しうるものはすべて、内在的に否定され崩壊するということ、換言すれば、そのすべてが、それ自身のうちに自己否定性を宿している、ということである。

私たちの世界に存在している何ものか――それは、日常的な諸物でも、科学的な物質あるいは法則等の何でもいい——を、「A」と表現すれば、Aは、とにかくも自己同一性を保持している（A＝A）。鉄が、ときに金であったり銀であったり、落下の法則〈$S=(1/2)gt^2$〉が、〈$S=(1/3)gt^2$〉であったり〈$S=(1/4)gt^2$〉であったり、ということはない。それら（A）は、いつでも自己同一性（A＝A）を維持し、「Aを無限に反復する」（2.41）。あれも鉄、これも鉄、それも鉄……と無限に反復され、また、あれもこれもそれも、すべて、基本的には落下の法則に従って落下する。実際、何であれ、物事が存在するということは、こうした自己同一性が成立しているということによっている。もし、それがなく、すべてが、くるくるとただ転変するのみであるとすれば、何ものも存在しない。私たちは、何ものをもとらえることができないだろう。

けれども、この自己同一性には、実はそもそも自己非同一性が宿っているのである。なぜなら私たちは、自然そのもののなかに入り込むことはできない、あるいは、自然を裏側から見て取ることはできないからである。古来しばしば語られているように、私たちは、いつでも自然の表面を外側から眺めているだけなのであり、その内実はどこまでも謎なのである。そうしたなかで、私たちは絶えず一定の何かをとらえ、科学は法則や理論を打ち立てる。こうしたすべて（A）は、ことごとく自然の表面であり外側である。つまりそれは、自然そのものではない。自然の内面ではないのである。私たちがとらえている自然（表面・外側）と、どこまでも謎である自然そのもの（裏面・内側）との間には、こうして、根本的な異なりが存している。この異なり、隔たりを、私たちは決して埋めることができない。そうである限り、私たちのとらえるもの（A）、もしくはそこに成立している自己同一性（A＝A）は、自然そのもののあり方ではないのである。それは、決して自然そのものとして存在しているわけではない。すなわち、自然そのものにおいては、「AはAではない（A nicht = A）」（2.38）。Aとは、そのもの自体としては「非A（Nicht-A）」（2.39）なのである。

むろん、ここには疑義が生じえよう。たしかに、私たちは、自然そのもの、つまり、その裏側（内側）をのぞき見ることはできない。自然そのものは、私たちにとって、謎である。しかし、そうであるからといって、その表面においてAであるものが、その裏面、つまり、自然そのものにおいて、Aではないとは、必ずしも言えない。実は、裏側から見てみたら、やはりAであったということは、ありうるのではないか、と。自然そのものは、まったくの謎だからこそ、実は、謎ではないかもしれない、実は、外からすべてが見えてしまっているのかもしれない、というわけである。しかし、決してそうではない、とヘーゲルは徹底して論じる。自然そのものとは原理的に謎であり、不可知なのである（一四三頁以下参照）。つまりそれは、一切の固定、限定をつき崩す生命なのである。そうである限り、自然そのものにおいては、徹頭徹尾「AはAではない（A nicht = A）」。Aとは、そのもの自体としては「非A（Nicht-A）」なのである。

これが、まずは、ヘーゲルのいう「矛盾」である。Aは同時に非Aである。もしくは、A＝Aは同時にA≠Aである。A＝Aとは「悟性的な同一性」（2.38）であり、それが成立し、無数に多くのものが豊かに存在するのは、悟性の世界、「感性界」である。しかし、この世界に存在するすべてのもの、つまり、この世界そのものには、矛盾という根本的な自己否定性が宿っている。理性は、この矛盾を突く。それによって、この世界は崩壊し、無に帰することが顕わになる。この無の世界、謎の世界――生命の世界――こそが、理性の世界（「知性界」）であり、また、ヘーゲルの説く道徳の世界、神の世界なのである。

「絶対的な同一性」（理性的な矛盾）

矛盾とはこのようなものなのだが、ここにおいては、それは、実はなお、少し大きなスケールで語られている。というのも、ここでの「同一性」とは、「悟性的な同一性」を上回る「絶対的な同一性」(2.39) であると言われるからである。では、「絶対的な同一性」とは何かというと、それは、「主観」と「客観」の「同一性」であるという (2.95以下)。この「主観」とは悟性であり、「客観」とは自然そのものである。したがって、その「同一性」とは、悟性の世界つまり「感性界」が全面崩壊し、無に帰することが顕在化することによって、それが、そもそも無の世界 (謎の世界) である自然そのものと一体化するという、この一体性のことである。それは、もとより、「感性界」と自然そのものとの一体性であるわけだが、それは、そのまま、「感性界」と「知性界」との一体性でもある。というのも、ヘーゲルにとって「知性界」とは、自然そのもの、つまり、「生命」が躍動する世界であり、その躍動する「生命」のただなかで、私たちが、いかなる限定にもとらわれず、その「生命」そのものとして生きる世界だからである。これが、まさに、ヘーゲルにとっての道徳の世界、神の世界なのである。こうして「絶対的な同一性」とは、「感性界」と「知性界」(自然そのもの・謎・無・生命の世界) との一体性なのであり、もはやそれは、悟性の世界ではなく、理性の世界の同一性である (2.37以下)。理性において、悟性と自然 (生命) ——「感性界」と「知性界」――とが一体化し、いまや、「絶対的な同一性」が成立するのである。

ところで、この「絶対的な同一性」においては、「感性界」の全面崩壊が顕わになっているので、たしかに、「反省と知にとっては何も存していない」(2.95)。しかし、その「同一性」は、知と存在の世界である「感性界」が崩壊することによってこそ成立するのだから、それ自体のうちに知と存在を含みもっていなければならない。そうでなければ、この「同一性」は成立しない。この不可欠の要素である知と存在を、目下の論議では、「主観」と「客観」の「非同一性」というあり方に見ようとする。すなわち、私たちのとらえる諸存在は、先に述べたように、「悟性的な同一性」(A=A)において成立している。しかし、この悟性(「主観」)の同一性は、自然そのもの(「客観」)をとらええていないという、「主観」と「客観」との分離、つまり両者の「非同一性」というあり方でもある。そして、こうした見方からすれば、「感性界」における私たちの知(認識)、あるいは、そこでのさまざまな存在(先に見た「現象(Erscheinung)」)は、この「非同一性」において成立する。主観と客観が一体化せず分離して、「それぞれが存立しているということ、そのことが知[および諸存在]を可能にするものなのである」(2.95)。

こうして、「同一性」を、「主観」と「客観」の「同一性」つまり「絶対的な同一性」ととらえるならば、それは「知性界」のあり方であり、そのうちには、両者の「非同一性」――知・諸存在の成立――という「感性界」のあり方が含まれている、ということになる。すなわち、「同一性」(「絶対的な同一性」)とは、同時に「非同一性」でもあり、「非同一性」と一体である「同一性」――「非同一性」と「同一性」との一体性――なのである。ヘーゲルはこれを、「同一性と非同一性との同一性」(2.96)と表現し、これをまた「矛盾」(2.39)と言う。

この「絶対的な同一性」という「知性界」のあり方を表わす「矛盾」は、大きなスケールの矛盾、〈大矛盾〉と言うことができるだろう。これに対して、この〈大矛盾〉における「非同一性」のなかで成立する「悟性的な同一性」、つまり、先に論じた私たちの認識や諸存在の関わる「矛盾」は、〈小矛盾〉と言いえよう。私たちの世界(「感性界」)における認識や諸存在は、A=Aという「悟性的な同一性」において成立する。しかし、それはまさに自然(存在)そのものと「非同一」であったために、つねに同時にA≠Aであり、ここに「矛盾」(〈小矛盾〉)が成立した。そして、まさにこの〈小矛盾〉のゆえに、「感性界」(「非同一性」の世界)は崩壊し、自然そのものと一体化する。

それによって、無、謎、そして生命の世界（「知性界」）が、「同一性と非同一性との同一性」という「絶対的な同一性」において、つまり、〈大矛盾〉において理性認識されることになる。この〈大矛盾〉とは、究極の理性認識であり、真理認識なのである。それゆえに、すでに見たように（四七頁参照）、ヘーゲルは、イェーナの最初期に、こう論じたのである。

矛盾は真理の規則であり、無矛盾は誤りの規則である。（1.533）

自由という観点に立ち返っておくならば、ヘーゲルは、「自由」を、「感性界」と「知性界」との統一のうちに見ようとした。だが、問題は、その統一が、どのようにして果たされるのか、である。それは、目下の論議によれば、理性の働きによる「感性界」の崩壊の顕在化によって、果たされるというのである。それは、また、ヘーゲル哲学において、このうえなく重要な概念である「絶対的な無」、そして、「矛盾」（〈小矛盾〉および〈大矛盾〉）と密接に関わる。そうであることにおいて、ヘーゲルの自由論は、一貫して、「絶対的な無」、そして、大小の「矛盾」の論議とともに、展開されることになるのである。

無のうえにのっている

やや煩瑣な論議となったので、ここで簡単に私たちの日常生活に立ち返っておこう。すでに繰り返し述べたように、私たちの日常生活は、悟性の世界つまり「感性界」においてく営まれる。ここにおいて私たちは、少しでも快適に、便利に、（物質的に）豊かに過ごそうとする。しかし、この世界の一切は、それ自体のうちに自己否定性、つまり矛盾を宿しており、いつでもすでに内在的に崩壊している。そこには、たしかなものは何も存在しないのである。こうした状態を、ヘーゲルは次のように描写している。

悟性の産出する存在の一切は、規定されたものである。そして、規定されたものは、無規定なものを自らの前と後とにもっている。つまり、多様な存在は、ふたつの闇夜の間に何の支えもなしに横たわっているのであり、それは無のうえにのっているのである。というのも、無規定なものは悟性にとっては無である……のだから。（2.26）

「限定する力」である悟性は、壮大で堅固な建物を構築する。しかし、そこに産出された存在の一切は、「規定されたもの」、つまり限定されたものである。ということは、その一切は、何ものとも限定されない「無規定なもの」(「無」)に先行されているということである。しかも、その一切は、内在的な否定性により、不可避的に無に帰する。こうして私たちの生活世界の一切は、無に発し、無に侵され、無に帰する。私たちの生活は、実にそれ自体、「ふたつの闇夜の間に何の支えもなしに横たわっている」。「無のうえにのっている」というのである。

「無」といえば、一般にはひたすら否定的なものである。しかし、この「無」(「絶対的な無」)においてこそ、カントの二世界論が克服され、「感性界」と「知性界」とが一体化し、そこに、真の自由が達成されうるというのである。

「無」・「死」という視点から

こうして、真の自由は、「感性界」と「知性界」との統一、すなわち、「絶対的な無」、そして、「絶対的な同一性」（大小の「矛盾」）において達成されうるという。このような真の自由の達成の論議を、ヘーゲルはイェーナ期において、とりわけ「無」そして「死」という視点を際立たせつつ、さらに具体化し展開する。ここでは、この論議に立ち入ろう。

神の死

まずは、『差異論文』（一八〇一年）に続く翌一八〇二年に公にされた『信仰と知、もしくは、カント、ヤコービおよびフィヒテ哲学という形で完成された主観性の反省哲学』（以後『信仰と知』と略称）を取り上げよう。このなかでヘーゲルは、かの「同一性と非同一性との同一性」において把握される「絶対者」〔「知性界」〕を「純粋な概念」もしくは「無限性」とよぶ。そして、それを、神〔イエス・キリスト〕の死と関連させる。

こうした純粋な概念もしくは無限性〔＝絶対者・知性界〕は、……無限の苦痛を純粋に契機とするのだということを……明らかにしなければならない。この無限の苦痛とは、以前は単に教養形成において歴史的に、そして近代の宗教〔近代ドイツのキリスト教〕がそれに基づく感情として、つまり、神自身が死んだという感情として存していたものである。（2.432）

「概念」という語は、ヘーゲル哲学において特有の意味で用いられるが、要するにそれは、真の認識である。人間の「概念」といえば、真に認識された限りでの「人間」である。ここでは「純粋な概念」といわれるが、それは、純粋な真の認識そのものであり、純粋に、真に認識されたものそのものである。つまり、それは、「感性界」と一体化した「知性界」であり、限定された一切が崩壊する生き生きとした生命そのものとしての理性の世界である。それはまた「無限性」とよばれる。この無限な世界、そして、その認識が、ひたすら「無限の苦痛」を伴うと、ここでヘーゲルは言う。というのも、それは、私たちの明るく輝かしい世界の一切が、実は闇夜にくるまれ、闇夜に侵され、何の支えもないなかで、そのつど無に帰さざるをえないのだということを、思い知らされることなのだからである。私たちは、こうした悲惨をこれまで繰り返し味わい、その歴史を、一つの教養として学んできた。そして、ヘーゲルによれば、それはまた、キリスト教において、神（イエス・キリスト）が死んだという痛切な感情として共有されてきたものなのである。

したがって、この純粋な概念もしくは無限性は、例えばまた、経験的なものを犠牲にせよという道徳的な指図か、あるいは、形式的な抽象の概念かの、どちらかでしかなかったものにも哲学的な実在性を与えるのでなければならない。(ibid.)

カントは、強く自己愛をいさめた。実際私たちも、それを、利己主義、自己中心主義などと表現し批判する。私たちは、自分の欲求・欲望に固執してはならない。私たちはこの世の何もかもをほしがってはならない。ヘーゲルはこれを「経験的なものを犠牲にせよという道徳的な指図」と表現する。また、このことと関連して、私たちは、隣人愛、自己犠牲、つまり献身、奉仕といったことの大事さを説く。これは真実（「概念」）なのだが、しかし通常は、単なるお題目（「形式的な抽象」）であるにとどまる。だが、目下の「純粋な概念もしくは無限性」、すなわち、かの「絶対者」・「知性界」の認識は、この「指図」や「抽象の概念」に「哲学的な実在性を与える」という。というのも、この認識によって私たちは、一切が無に帰するということを、神が死んだ（万物が崩壊する）という痛切な感情を伴いつつ、思い知るのだから。自らの欲求・欲望に固執して、たとえそのことごとくが一時は満たされたとしても、結局は打ち砕かれるのだということを私たちは、痛切に知るに至るのだからである。これこそが「哲学的な実在性」なのである。こうして真の認識（「純粋な概念」）は、単なる「道徳的な指図」や、その「形式的な抽象」に、確固たる内実を付与する、というのである。

それゆえにまたそれは、哲学に絶対的な自由の理念を、したがって、絶対的な苦悩、もしくは、かつては史実的でしかなかった思弁的な聖金曜日を、しかも、聖金曜日そのものをその神が失われたという全真実と厳格さにおいて、再興しなければならない。この厳格さのなかからのみ、……最高の全体性が、その全き真摯さにおいて、その最深の根拠から、また同時に、一切を包括しつつ、その形態のこの上なく晴れやかな自由において、復活しうるのであり復活しなければならない。(2.432-3)

この「絶対者」・「知性界」の認識——「感性界」と「知性界」との一体性の認識——とは、自己愛からの解放である。それは、一切の経験的なものへの固執からの解放でもある。ただしそれは、世捨て人のように、自己愛や経験的なものへの固執を、ことごとく断ち切れということではない。自己愛やその固執こそが、私たちの生きる淵源だろう。そうなのだが、ヘーゲルの語ることは、そうした淵源を認めつつも、同時に、そこから解放されていなければならないということである。私たちは「感性界」において、自己を愛し、自己に、そしてさまざまなものに固執して生きる。しかし、それは〈小矛盾〉の世界であり、「非同一性」の世界である。自己に固執している限り、自己に苦しむのみで、自分の世界が、世界(自然)そのものになることはないのである。私たちは、つねにこのこと(「非同一性」)に目を向けつつ、自己を外に開いていなければならない。自らを中心に、自己の世界を拡張しつつも、それをつねに外の世界へと開放し、自らを解体して外の世界と一体化するのでなければならない。この外の世界とは、全面的に謎の世界であり、確固とした何ものも存在しない暗闇の世界、無の世界である。しかし、同時にこの無の世界に生きることこそが、「同一性と非同一性との同一性」、つまり、〈大矛盾〉の達成――「感性界」と「知性界」との一体化――であり、それが「絶対的な自由の理念」の成就（「再興」）なのである。ヘーゲルによれば、この自由の理念の成就こそが、神の死（「思弁的な聖金曜日」）の「厳格」な「全真実」なのであり、また、神（「最高の全体性」）の「復活」の内実でもある。いまや「最高の全体性［神］が、その全き真摯さにおいて、その最深の根拠から、また同時に、一切を包括しつつ、その形態のこのうえなく晴れやかな自由において、復活する」という。神の死とその復活とは、「感性界」と「知性界」との一体性、すなわち、真の自由（「絶対的な自由」）の宗教的な表現にほかならないのである。

「＋A－A＝0」という「無」・「死」

『信仰と知』（一八〇二年）に続き、ヘーゲルは一八〇二年から三年にかけて、『自然法の学的な論じ方について』（以後『自然法論文』と略称）を公表する。ここでヘーゲルは、『信仰と知』で論じた「絶対的な自由」をさらに展開してみせる。

自由とは、それが……－Aを＋Aと統一し、そうして＋Aという規定性において存することをやめるということにおいてのみ、自由である。この両規定の統一において、両者は無きものとされる。つまり＋A－A＝0である。この無が、……絶対的な自由〔である。それ〕は、まさにそのようにしてこの対立を、またあらゆる対立と外面性を、超出する。そしてそれは端的に一切の強制を不能にするのであり、強制はおよそ全く実在性をもたないのである。（2.477）

私たちはしばしば、あること（A）を、やろうか（＋A）やるまいか（－A）迷う。そして何であれ、結局のところ、そのこと（A）を、やりたいからやる（＋A）、やりたくないからやらない（－A）ということで、決着をつける。つまり、私たちは、やるかやらないか、いずれも選択可能であり、そうしたなかで、そのどちらかを選択する。いわゆる「選択の自由」と言われるもので、通常「自由」と言われるのは、これである。この自由とは、私たちが、快適に便利に暮らしていくための自由であり、問題は、どちらの選択肢が快適で満足のいくものであるかなのである。それは、まさに「感性界」の自由である。ヘーゲルは、こうした自由を、単なる見かけの自由（「経験的な自由」(ibid.)）であるにすぎない、と言う。すなわち、そこには自覚されていない何らかの「身近な必然性」(ibid.)、つまり、隠された欲求が必ず存しているのであって、その限り、その自由な選択なるものは、単に見えない欲求に操られているにすぎないのだ、というのである。

これに対して、真の自由、つまり、「絶対的な自由」とは、＋Aと－Aという「両規定の統一」において、両者を「無きものと」すること――「＋A－A＝0」という「無」――において成立する、という。その意味は、かの『信仰と知』の論議のなかで見たものと同様だろう。すなわち、それは、やりたい「＋A」とか、やりたくない「－A」とかという、自らの欲求・欲望にとらわれないこと、つまり、自己愛や「経験的なもの」への固執からの解放であり、また、自らを外の世界へと全面開放することである。

もとより私たちは、つねに「＋A」「－A」という自らの欲望を抱き、それに基づいて生きる。しかし、本当の意味で自由であるとは、同時に、それらにとらわれない「＋Ａ－Ａ＝０」という「無」を維持することなのである。すなわち、私たちは、つねに自分のやりたいことをやり、自己実現を図ろうとする。だが、この自己実現は、当然のことながら、自分一人で果たされるものではなく、社会のなかで遂行される。それゆえにそれは、首尾よく達成されることもあれば、挫折することもある（「非同一性」）。しかし、そのいずれにおいても私たちは、つねに同時に、外に、社会に身を開き、いわば、社会（自然）の流れに身をゆだねるのでなければならない（「同一性」）。一方で、自分自身、つまり、「＋Ａ」、「－Ａ」という自らの欲望を維持しつつ、同時に自ら「無」（「＋Ａ－Ａ＝０」）であるのでなければならない（「同一性と非同一性との同一性」）。

ここにこそ「絶対的な自由」が実現する。この自由においては、もはや、自らのうちでの欲求・欲望の対立は克服されており、また、他の人々や社会との対立も克服されている。なぜなら、ここにおいては、全面的に外の世界に身をゆだねているからである。いうならば私は、世界そのものを生きているのである。それゆえに、すべては内面化している。外面性は超克されている。したがってもはや「強制」というものも存在ない。

こうした「絶対的な自由」は、さらにこう描写される。

この否定的に絶対的なもの、すなわち純粋な自由は、その現象においては死である。主体は、死ぬことができるということによって、自らが自由であり、あらゆる強制を越え出ているということを明らかにする。つまり死とは絶対的な克服なのである。そして、こうした自由は絶対的であるが故に、あるいは、この自由においては、個別性〔個人〕は端的に純粋な個別性であるが故に、……それは、無限であり、……絶対的な解放である。つまり、死のうちに存する純粋な個別性〔個人〕とは、それ自身の反対、すなわち、普遍性なのである。（2.479）

「絶対的な自由」は、「否定的に絶対的なもの」、「純粋な自由」と言いかえられ、「現象における死」だという。それは「死ぬことができるということ」、つまり、徹頭徹尾自己への固執（「自己愛」）から解放されているということ（「絶対的な克服」）である。ここにおいて個人は、「無限」であり、「絶対的に解放」されているという。それは「純粋な」個人として、それ自身「普遍性」、つまり、世界そのものであり、自然そのものだという。自己への固執、つまり、欲求・欲望に基づく「感性界」での生活は、遅かれ早かれ挫折する。それゆえに、欲求・欲望を携えつつも、「知性界」へと脱却する。この両世界の一体性（「絶対的な同一性」）において、「絶対的な自由」が成立するというのである。

「闘争」と「死」（１）――『人倫の体系』――

真の自由、「絶対的な自由」は、目下のイェーナ期の初期から中盤・終盤にかけて、さらに、特有の闘争論へと展開する。それは、すでに見たフランクフルト期の闘争論（四三－五頁参照）をほぼそのまま引き継いでなされる〈生死を賭けた全面闘争〉の論議だが、ここにおいて自由は、他者との闘争的な関係論として論じられ、具体化されるのである。

まずは、『自然法論文』の直後に執筆された『人倫の体系』（一八〇二／三年）を見てみよう。そのなかで、この闘争論が、文脈的にはやや場違いな箇所に紛れ込むような形でなされる。すなわち、私たちが生きるということは、日々犯罪を犯すということであり、人を傷つけ、人に傷つけられるということである。ここに不可避的に闘争が始まる。フランクフルト期に言われたように、私たち一人一人が、まさに「〔他の〕生命と闘争する生命」なのである。そして、この生命間の闘争は、生命を賭けた全面闘争とならざるをえない。『人倫の体系』によれば、それは、私たち一人一人の生き様に関わるものであるのだから、各人の「名誉」に関わる「全体的人格的なもの」なのである。それゆえに私たちは、他者からの〈傷つけ〉がどんなに些細なものであろうとも、「名誉」をめぐる「全人格」をかけた闘争へと突入せざるをえないのである。

名誉というものによって、個別的なものは、全体的な人格的なものとなる。一見ただ個別的なもののみが否定されたように見えても、それによって全体が傷つけられているのである。こうして全人格の全人格に対する闘争が始まる。（GW.5.318）

闘争が始まるやいなや、正義は両者の側にある。（ibid.）

こうして「名誉」を賭けた「正義」の全面闘争が遂行される。そして、その終結は、

「死」なのである。

この闘争は、死によってのみ調停されうる。死においてこそ、克服は絶対的なのであり、まさに否定が絶対的であるということによって、端的にその反対つまり自由が確保されるのである。（GW. 5.318-9）

この「死」とは、もはやいうまでもなく、自己への固執からの解放、かの「絶対的な解放」であり、「絶対的な自由」である。私たちはとにかくもまずは、自らに固執し、自らの欲求・欲望の全面展開をもくろみ、自らの名誉を賭けて他者と全面闘争し、まったき自己実現を図らなければならない（「感性界」）。しかし、それは、もっぱら世界（社会）のなかで果たされることであり、したがって、他者との「調停」、自己「克服」が不可欠である。それは「死」という「絶対的な否定」においてはじめて可能となる（「感性界」を取り込んだ「知性界」）。この「絶対的な否定」において、世界そのものを生きるという「絶対的な自由」が実現するというのである。フランクフルト期においてキリスト教の枠内で論じられていた闘争論が、ほぼそのまま引き継がれつつ、哲学宣言を経たいま、この枠組みが取り外されている。

「闘争」と「死」（2）——『イェーナ体系構想Ⅰ、Ⅲ』——

この『人倫の体系』の闘争論が、そのほぼ一年後の草稿である『イェーナ体系構想Ⅰ』（一八〇三／四年）に引き継がれ、そこで詳細に展開される。次に、これを追ってみよう。

まずは、「意識」としての「個別者」（個人）が、次のように描かれる。

個別者が意識であるのはもっぱら、自らの占有と自らの存在とのあらゆる個別性が自らの本質全体と結合して現われて……いる限りである。つまり、個別者があらゆる契機を自分自身として定立している限りである。というのも、このことこそが意識、つまり、世界の観念存在だからである。（GW.6.307-8）

「私」（「個別者」）がまさに「私」（「意識」）であるのは、「私」がもっている一つ一つのもの（「自らの占有」）が、そして「私」の身体、技能、能力等々のすべて（「自らの存在」）が、ことごとく「私」自身（「自らの本質全体」）において総合統一されていることによる。というのも、そうであることにおいてこそ、確固たる「私」の世界（「世界の観念存在」）が構築されているのであり、「私」とは、こうして築き上げられる「私」の世界にほかならないからである。

闘争論は、この「意識」としての「個別者」（「私」）をめぐって展開される。それによれば、まずは、こうした個人のとりわけ「占有」という事態には、「矛盾」が存している、という。

占有のうちには、外的なもの、物という、地上の普遍的なものが、ある個別的なもの〔個人〕の支配下にあるべきであるという矛盾が存している。（GW.6.309）

地上に存する一切のものは、本当は誰のものでもない「普遍的なもの」である。世界とは、誰のものでもなく、皆のものである。ところが実際には、それは、誰かのもの、個人のものとなってしまっている。これは「矛盾」だ、という。「私」の世界は、「私」の世界であると同時に、「私」の世界ではないというのである〈小矛盾〉・「非同一性」)。

ここにおいては、不可避的に闘争が惹起される。個人は、元来何ものも個人のものではない、この普遍的な世界に、個人の世界を築き上げている――個人は、この普遍的な世界を、自分の世界に仕立て上げている――。皆が、世界を自分の思い通りにしよう、思い通りに動かそうとしているわけであり、衝突は不可避である。

この衝突はまた、不可避的に全面闘争である、という。なぜなら、この仕立て上げられた世界――「私」自身(「自らの本質全体」)において総合統一された「私」の世界――とは、その全体が、当の個人そのもの(「私」自身)だからである。まさに、どんなに些細なことであっても、この世界が乱されるということ、思い通りにならないということは、個人が全面的に乱されるということ、「私」が全面的に傷つけられるということ、つまり、「自らの名誉の侮辱」なのであり、ここに生起する闘争は、全面闘争以外の何ものでもないのである。

それ故に、何か個々の自分のものが傷つけられるということは、無限である。それは絶対的な侮辱であり、全体としての自己の侮辱、自らの名誉の侮辱である。

そして何でも個別的な契機をめぐっての衝突は全体をめぐっての闘争なのである。（GW.6.308）

そして、こうした個人間の全面闘争の帰結は、またもや「死」そして「無」である。

私は他者の死に向かうことにおいて、私自身を死に曝し、私自身の生命を賭ける。しかし私はここに、私の存在および私の占有の個別性を主張しようという矛盾を犯しているのである。〔このことを知ることにおいて〕この主張は、その反対に移行する。つまり私は、この占有全体を犠牲にし、あらゆる占有と享受の可能性、つまり生命そのものを犠牲にする。……私は、私の現実在のこの広がりにおいて、つまり、私の存在と所有とにおいて、承認されようとするが、しかし私はこのことを、私がこの現実在を廃棄するということへと転化するのである。……このことによってのみ、私は、理性的なものとして、総体として真に承認される。（GW.6.310-1）

したがって、総体の個別性のこうした承認は、死という無を招来する。（GW. 6.311）

「私」は、他者を無きものとするため、「私自身の生命を賭けた」全面闘争を遂行する。しかし、そもそもここには「矛盾」（かの〈小矛盾〉）が存しているのである。私たちは、それを知る。この闘争を遂行している限り、私たちは、自らを失うばかりなのである。これを知ることによって、「私」は、「私自身」の全面放棄へと向かう。そして「私」は、実際に「私自身」のこの全面「廃棄」を遂行するすることによって、「理性」となる――「理性的なものとして、総体として真に承認される」――という。すなわち、欲求・欲望に基づいて、自分の思いどおりの世界を築き上げようとするのは、結局「悟性」なのである。悟性が、あれこれと思いをめぐらせて自分の世界を構築し、あれこれ策をめぐらせて他の人々と闘争をする。しかし、この闘争は、〈小矛盾〉・「非同一性」の遂行なのである。私の築く世界が、世界そのものとなることはない。それは早晩、無に帰する。それを知るのは理性である。私たちは、いまや理性であることにおいて、世界が無に帰することを認め、その世界への固執を全面放棄する。ここに、「感性界」（悟性の世界）と「知性界」との一体化（「絶対的な同一性」）が実現する。こうした私たちのあり方をヘーゲルは、「死という無」と表現する。あるいは、「いつでも死ぬ覚悟ができており、自分自身を諦観してしまった」（GW. 6.313）という、そういうあり方だ、とも。まさに「絶対的な自由」の成立である。

この闘争論が、さらに、二年後の草稿『イェーナ体系構想Ⅲ』（一八〇五／〇六年）に引き継がれ、ここにおいては家族論が前面に出るなかで、いっそう詳細に展開される。ただ、ここでは、その帰結のみを見ておくことにしよう。それによれば、生命を賭けた全面闘争は、やはり「死」によって、ただし、ここにおいてはフランクフルト期の表現が引き継がれ、「自殺」によって終結する、とされる。

> 意識そのものにとっては、自らが他者の死へと向かっている〔――生死を賭けた闘争が遂行されている――〕ように思われる。しかしそれは〔実は〕、自己自身の死、つまり、自殺に向かっているのである。自らを危険に曝すことにおいて、なされるのは〔結局〕自殺なのである。（GW.8.221）

この「自殺」によって、「絶対的な自由」が成立する。この自由が、さらに、かの『自然法論文』を彷彿とさせつつ、こう描写される。すなわち、ここにおいて、一切は、「自らの最も固有な自己存在へと変化」する（ibid.）。「なぜなら［いまや］意識は理性だからである」（ibid.）。いまや、「個別者のこの意志は普遍的な意志であり、［逆に］この普遍的な意志が個別的な意志なのである」（GW.8.222）、と。

生死を賭けた闘争——『精神現象学』——

『論理学』とならぶヘーゲルの主著、『精神現象学』（一八〇七年）は、イェーナ期の中盤から終盤にかけて執筆されたものだが、そのなかに、これまでの論議を引き継ぐ有名な「生死を賭けた闘争」論がある。それによれば、個人（「自己」「自己意識」）は真の自由を得るために、やはり他者と「生死を賭けた闘争」を戦わざるをえない。

両者はこの闘争に入らなければならない。というのも、両者は、もっぱら自己である（für sich zu sein）という自らの確信を、他者および自ら自身において真理へと高めなければならないからである。そして、この［もっぱら自己であるという］自由が確証されるのは、ただ生命をかけるということによってのみである。（3.149）

さらに、こう論じられる。

ただ生命をかけるということによってのみ、次のことが確証される。すなわち、［1］自己意識にとって本質的なことは、存在ではないということ、つまり、自らが立ち現われる直接的なし方なのでも、また、生命の広がりのうちに自らが沈みこんでいることでもないということ、――そうではなく、［2］自己意識においては、自らにとって消失しない契機は一切存在しないのだということ、自らはひたすら純粋な自己存在（Fürsichsein）なのだということ、このことである。（ibid.）

私たちは、真の自己実現のために、つまり真の自由を実現するために、生命を賭けて他者と戦わなければならない。ただし、その闘争において顕わになることは、［1］自らの存在、自らの欲求・欲望や生命が本質的なことではないということ、そうではなく、［2］本質的なこととは、自分を取り巻くすべては崩壊するのだということ、そうしたなかでこそ私は純粋に私自身であるのだ、「純粋な自己存在」であるのだということである。

ここにまさに、フランクフルト期に端を発し、その後のヘーゲル哲学を一貫して貫く自由論が語られている。一切の崩壊・消失のうちに真の自分自身(「純粋な自己存在」)を見るとは、かの「死という無」において実現する「絶対的な自由」の実現にほかならない。生命を賭けた全面闘争の遂行によって獲得されるのは、この「絶対的な自由」なのである。

次章以降に見るように、『精神現象学』全般を貫くテーマもまた、この自由である。そこにおいても、それはしばしば「死」や「無」とともに語られる。ここではその一端を、「生死を賭けた闘争」に引き続いて語られる「主人」・「下僕」論に見ておこう。それによれば、かの「生死を賭けた闘争」は、「絶対的な自由」に立ち至る前に、まずは、一方が勝者、他方が敗者となることによってけりが付く。そして、前者が「主人」となり、後者が、その「下僕」となる。ここに、自由を獲得するのはもっぱら「主人」であるということになりそうである。しかし、ヘーゲルは、実は「下僕」なのだと論じる。

自立的な意識の真理は、……下僕の意識である。……下僕はむしろ、その遂行において、その直接的なあり方の反対になる。それは、……真の自立性へと転倒する。（3.152）

下僕は、純粋な否定性および自己存在というこの真理を実際にそれ自身において保持する。……すなわちこの意識は、あれこれのものやあれこれの瞬間に不安をもつのではなく、自らの全本質に不安をもっている。というのもそれは、死の恐怖、絶対的な主人の恐怖を感じているからである。ここにおいてこの意識は、内的に解体しており、徹底的に自己自身において震えおののいている。そして、この意識において一切の固定的なものが揺り動かされている。だが、この純粋で普遍的な運動、存立する一切のものの絶対的な流動化こそが、自己意識の単純な本質であり、絶対的な否定性、純粋な自己存在なのである。（3.153）

ここにおいて、「絶対的な自由」は、「自立的な意識の真理」、「真の自立性」、「自己意識の単純な本質」、「純粋な自己存在」と言いかえられ、また、「純粋な否定性」、「絶対的な否定性」、「純粋で普遍的な運動」、「存立する一切のものの絶対的な流動化」などとも言われている。それは、「感性界」の崩壊による、「知性界」との一体化という事態にほかならない。ただし、この事態が実現するのは、決して「主人」においてではない。そうではなく、「自らの全本質に不安をもち」、「死の恐怖、絶対的な主人の恐怖を感じ」、それによって「内的に解体し」、「徹底的に自己自身において震えおののいている」「下僕」においてなのである。「下僕」のもとでこそ、自分自身と世界そのもの・自然そのものとの一体性が現実のものとなるという。たしかに、ここにおける「死」、「内的な解体」とは、個人が自ら遂行する自己解体、自己廃棄ではない。それは、「主人」によって絶対的に迫られる「死」である。しかし、目下の状況においては、他から絶対的に迫られる「死」において、「絶対的な自由」が成立するというのである。

こうして、カントの二世界論を引き継ぎ、それを批判的に乗り越えることによって、真の自由のあり方を見て取ろうという、ヘーゲルの自由論の全貌が、いまや、次第に明らかになりつつあるのである。

『精神現象学』(1) 「序論」・「緒論」

ヘーゲル特有の自由論が、これまでに見たように、イェーナ期を通して一貫して論じられ展開され、その内実が見通されつつある。いまや、この自由論が、このイェーナ期の最後を飾る、ヘーゲルの大代表作『精神現象学』において、このうえなく内容豊かに、しかも壮大なスケールで語り出されるのである。この『精神現象学』という著作の趣旨を見定めつつ、順次、その論議を追ってみよう。

「序論（Vorrede）」における「悟性」と「理性」

まずは「序論」だが、『精神現象学』には、この「序論」に続く、いわばもう一つの序論である「緒論（Einleitung）」がある。いずれも前書きということだが、冒頭の「序論」は、実は、本論を書き終えた後で執筆された、本来からすれば、後書きである。だが、そうした執筆事情をも反映して、この「序論」においては、『精神現象学』全体の構想や、そこでの重要語が、存分に語られ論じられている。それゆえに、まずはこの「序論」に立ち入り、そこでの重要語を確認しつつ、『精神現象学』全体の論議の展開を見通してみよう。

はじめに「悟性」と「理性」という用語を取り上げ、『精神現象学』が、まさにこれまでの自由論をそのまま引き継ぎ、展開しようとするものであることを見て取ろう。

悟性とは、これまでに見たように、カントにおいて「感性界」を全面的に取り仕切る私たちの知性であったが、ヘーゲルにおいてもまったく同様であった。悟性とは「限定する力」であり、私たちの世界において一定の何かとして認識される一切を、それとして限定し把握する能力なのであった。『精神現象学』においても、悟性は、まったく同様にとらえられ、しかも、ここ「序論」において、その重要性が強調される。その有名な一節を引いておこう。

具体的なものは、それがただ、分かたれ非現実的なものとなるということ、このことの故にのみ、自ら運動するものである。そしてこの分かつという働きこそが、……最大の、あるいはむしろ絶対の力である悟性の力であり、悟性の仕業なのである。……それは、否定的なものの恐るべき威力である。……私たちは、この非現実的なものを、死と名づけもしようが、この死は、この上なく恐ろしいものである。……だが、精神の生命とは、死を恐れ、荒廃からひたすら身を守ろうとする生命なのではなく、死に耐え、死のうちで自らを保持しようとする生命なのである。精神は、絶対的な分裂のなかで自己自身を見いだすことによってのみ、自らの真理を獲得する。(35-6)

これまでの自由論においても、悟性の世界、つまり、〈小矛盾〉・「非同一性」の世界は、乗り越えられるべき否定的な世界ではあったが、しかし、同時に、決して欠くことのできない重要な役割を一貫して担っていた。その重要性がここであらためて印象深く語られている。

まずは、「具体的なもの」とは、かの〈大矛盾〉(「絶対的な同一性」)において成立する「無」・「絶対者」・「絶対的な自由」である。それは、悟性という「絶対的な力」の「分かつという働き」を十全に包摂することによってこそ、自らの真の姿を実現する。この「分かつ」・「限定する」という悟性の不可欠の働きが、いま「否定的なものの恐るべき威力」とよばれ、そこに生じる「非同一性」というあり方が、「非現実的なもの」、「死」、「荒廃」そして「絶対的な分裂」と表現される。この「死」とは、「絶対的な自由」における「死」ではなく、フランクフルト期に言われた、私たちの欲望にまといつく「死と対立」の「死」である（四一頁参照）。ここにおいて「精神」とよばれる「具体的なもの」（「無」・「絶対者」・「絶対的な自由」）は、この「死」のただなかに身を置いて――そして、それを乗り越えて――こそ、「自ら運動する」生き生きとした真の「生命」となるのだ、という。悟性とはこうして、「具体的なもの」の展開において、一貫して不可欠の重要な役割をはたすのである。

また、理性に関しても、「序論」のなかで、こう言われる。

「自己の内への」立ち返りを、真なるものから排除するならば、それは理性の誤認である。真なるものを結果とするものは、この立ち返りにほかならない。(25)

理性とは、合目的的な活動である。……目的とは、直接的なもの、静止したものであり、それ自体他を動かす動かざるものである。（26）

この「理性」とは、これまでに論じられた「理性」と同一のものである。「〔自己の内への〕立ち返り」とは、悟性によって産み出された「非同一性」――悟性と自然（世界）そのものとの分離――を打ち崩して「絶対的な同一性」を実現することである。これが、〈本来の自分自身へと立ち返ること〉であると言われる。それは、まさに悟性における「非現実的なもの」・「死」・「荒廃」を乗り越えて、「真なるもの」を実現することである。この「真なるもの」、つまり、「絶対的な同一性」（「絶対的な自由」）は、この「立ち返り」の「結果」としてはじめて現実のものとなる。この「結果」を実現するものこそが、理性なのである。

この理性が、「合目的的な活動」であるとも言われる。その目的とは、「死」と「荒廃」の世界と言われる、一見華やかで快適な悟性の世界（「感性界」）の崩壊を見定め、「絶対的な同一性」（「絶対的な無」）を実現すること、そのことである。この目的は、私たち人間が理性的存在である限り、私たち自身のうちに、はじめから、「直接的に」、

「静止した」「不動のもの」として宿っている、という。そしてそれは、絶え間なく、悟性的な世界──結局は崩壊する、自ら（理性）にとっての他（悟性）──を揺り動かす。この動揺によって、悟性の世界が全面的に崩壊し、「無」に帰することが顕わになる。その「結果」、この目的が実現する。また、先にも述べたように、ヘーゲル哲学において理性とは、同時に宇宙的な理性、世界全般の理性でもある。この観点からすればそれは、そのつどの悟性的な世界構築を突き崩し、「自由の意識の展開」という世界の歴史を産み出す、いわば根源的な力である。その目的は、世界において万人が自らのうちに「絶対的な自由」を実現することである。理性とは、いずれにしても、その実現へと向かう「合目的的な活動」なのである。

「即自（自体）」と「対自」

次に、「即自的（an sich）」、「対自的（für sich）」という用語を見てみよう。これは、ヘーゲル自身が、重要概念であると述べていることもあって（56）、しばしば採り上げられる一対の語である。

まずは、「即自的」だが、この語は、「自体的」とも訳され、〈そもそも、それ自体としては〉という意味で日常的に使われる。『精神現象学』においても、多くの場合、この意味で使われ、「即自（自体）存在」と言えば、単純に、〈そもそもそれ自体で存在しているもの〉のことである。ただ、重要語としては、それは、特有の意味を担っている。その意味とは、〈そもそも、それ自体としては、成立しているのだが、一般にはまだ知られていない〉という含意である。それゆえに、その語は、しばしば、「われわれにとって（für uns）」という用語とともに使われる（28, 80, 108など）。この「われわれ」とは、いわば、すべてをすでに見通している哲学者であって、この「われわれ」には、その顕わになっていない真実が見えているというのである。

また、「対自的」という語だが、それは、自分自身に相対している、自分自身と向かい合っているという意味で、「向自」あるいは「自覚」などとも訳されるが、通常のドイツ語では、単純に〈自分一人で〉（つまり、ひたすら自分に向き合って）といった意味である。そして、この語もまた、『精神現象学』の多くの箇所で、この通常の意味——〈そのものだけで〉という意味——で使われている（「即自かつ対自的」という表現も、多くの場合、〈端的にそのものとしては〉という日常的な意味である）。ただ、この「対自的」も、重要語としては、特有の意味を担っている。次の一節を見よう。

精神的なものは……即自的（自体的）に存在するものである。それは、〔他と〕関係し、〔他によって〕規定されるものであり、他在であり、かつ対自存在である。すなわち、それは、この規定されてあること、もしくは、それが自らの外に存在することにおいて、自己自身のうちにとどまる。すなわち、それは、即自かつ対自的なのである。（28）

「精神的なもの」は、先に「具体的なもの」と表現されたが、それは、「理性」によって「結果」として実現される「真なるもの」（「絶対的な自由」）である。それは、「即自的（自体的）に存在する」という。この「即自的（自体的）」は、かの特有の意味である。すなわち、すでに「真なるもの」は成立しているが、しかし、それはいまだ顕わになってはおらず、「われわれ」だけがとらえているというのである。その「真なるもの」とは、どういうものかというと、それは、「〔他と〕関係し、〔他によって〕規定される」、という。したがって、それは、自分の手を離れた「他在」であるという。だが、にもかかわらず、「対自存在」だという。通常は、たとえば私が、他と関係し、他によって規定されているのであれば、その限りでの私は、もはや、私自身ではない。それは、私にとって他なるもの、つまり、「他在」である。したがって、それに相対する私は、私自身に相対している「対自存在」ではなく、「他在」に相対している「対他存在」である。だが、目下の「真なるもの」においては、そのようにして「他在」に相対しているにもかかわらず、「対他存在」ではなく、「対自存在」であるという。なぜ、そうなのかというと、「真なるもの」は、他と関係し、他によって規定されることによって、自らにとっての「他在」とはなるが、しかし、その「他在」も実は自分自身であり、徹頭徹尾「自己自身のうちにとどまる」——自己と他とが完全に一体である——のだからだ、という。それゆえに、「真なるもの」は、それ自体「他在」でありながら、同時に「対自存在」であるという。

ここに、「対自」の独自の意味が浮かび上がっている。それは、他に相対していることが、そのまま同時に、自己に相対していることだということ、つまり、他がそのまま自己だということである。別の箇所では、こう言われている。

> 対自存在とは、直接、存在であるとともに、他に対する存在でもある。それは、

こうした他に対する存在でありつつ、そのまま自己のうちへと立ち返り、自己自身のもとにある。(552-3)

「対自」とは、決して、自己の内面に引きこもって、内的な自己と向かい合うという意味ではない。そうではなく、それは、徹頭徹尾、外(他)に向かい、全面的に外(他)に開き、外(他)と完全に一体化するという意味である。それは、これまでの脈絡に立ち返るならば、かの「絶対的な自由」にほかならない。私たちは、悟性の能力を駆使して、自然を、世界を丸ごと把握しようとし、また、必死に(生死を賭けて)、自らの生活世界を構築しようとする。それは、私たち自身の外化である。つまり、自然や社会という外の世界へと立ち入ることである。こうして、自らがそこへと立ち入り、そこに構築する世界(悟性の世界)は、科学的な理論的世界であれ、実践的な自らの生活世界であれ、自分自身(主観)の世界である。しかし、それは同時に、自らにとっての「他在」でもある。なぜなら、それは、決して自らの思いどおりにはならないのだからである。私たちは、自然そのものをとらえることはできないし、自分の思いどおりの生活世界を築くこともできない。この悟性の世界は、自分自身の構築する世界であり、その限り、私自身の世界ではあるが、しかし同時に、私にとっての他、私に相対する「他在」でもある。だが、この悟性の世界が全面崩壊して無に帰することを思い知るとき、そして、私が、この世界への固執を全面的に捨て去るとき、この世界の「他在」というあり方が消える。それによって、私はこの他在の世界と、そして世界（客観）そのものと一体化する。総じて世界が、私自身となる。つまり「対自的」になる。それは、「理性」能力の貫徹による、かの「絶対的な同一性」の成立であり、「絶対的な自由」の実現である。

「精神的なもの」・「真なるもの」とは、この「絶対的な同一性」・「絶対的な自由」を実現した「対自的な」ものである。ヘーゲルによれば、実はすでに私たちは、「即自的（自体的）」には、こうした「対自的な」もの、つまり「即自かつ対自的な存在」である。すなわち、私たちは、すでに「即自的（自体的）」には、世界と一体であり、したがって、私たちの世界は私たち自身なのであり、私たちにとって「絶対的な自由」の世界なのである。しかし、それは、いまだ「即自的（自体的）」であるにとどまっている。つまり、それは、「われわれ」哲学者にのみ知られている。その限り、この「絶対的な自由」の世界は、一般の私たちにとっては、いまだ「他在」である。

これが、一般の私たち自身にとっても、〈自己自身〉の世界となり、それによって私たち自身が「対自存在」とならなければならない。これが、『精神現象学』の叙述の内実であり、それがまた、次に見る「実体」から「主体」への展開なのである。

「実体」と「主体」

「実体」および「主体」は、『精神現象学』の叙述の内実を担う概念である。その叙述の内実とは、まさに「実体」から「主体」への展開ということであるのだが、この両概念については、まずは、次のよく知られた一文がある。

すべては、真なるものを実体としてでなく、まったく同様に主体としても把握し表現することにかかっている。(22-3)

『精神現象学』、それどころか、ヘーゲルの哲学全体が、それを把握し表現することにかかっているという、そのものこそが、「主体」であるというわけだが、この「主体」という語に論及する前に、まずは「実体」という語を見よう。この語もまずは、一般的に使用される日常語でもある。実体があるといえば、内実があるということであり、実体とは、そのもの自体で確固とした内実をもった存在を意味しよう。『精神現象学』においても、しばしば、こうした日常的な意味で使われる。ただ、重要語としてのそれは、またもや特有の意味を担う。それは、かの重要語としての「即自（自体）」と密接に関連する（28, 80, 108など）。すなわち、「実体」とは、「即自的（自体的）」に存在する――すでに存立してはいるが、まだ「われわれ」哲学者にのみ知られている――という、そういう内実あるもの、「真なるもの」（「概念」）なのである。

こうした「真なるもの」とは、これまでに見た、主観と客観とが完全に一体である個人でありまた社会（世界）である。このような個人および社会――両者の「絶対的な同一性」――は、すでに見たように、「即自的（自体的）」には（「実体」としては）すでに実現している。そこにおいては、「絶対的な自由」、そしてまた、かの「絶対的な無」も実現している。たしかにそうなのだが、しかし、一般の人々は、そうとらえてはいない。依然、自分たちは、社会に迎え入れられてはおらず、疎外されていると感じている。「絶対的な無」（一切の固執からの解放）が自分自身のうちで達成できれば、たしかに絶対的に自由に、つまり、社会（世界）と完全に一つになって生きることができるということは分かる。しかし、そんなことはおよそできそうもないと、あきらめている。目下の私たちの状況とは、こういうものなのだ、とヘーゲルは言うのである。「真なるもの」(「絶対的な自由」・「絶対的な無」)は、まさにいまだ、「実体」として(「即自的(自体的)」に)のみ存存しているのである。

こうした「実体」概念は、また、スピノザ哲学と密接に関連する。その観点からヘーゲルは、「実体」を、こう規定する。それは、「自らのうちに閉じこもった」(16)「区別のない、動かざる」(23)「固定的な」「単一体」(54)である、と。つまり、私たちと社会(世界)とは実は一体なのだが、しかし、私たちにとって、社会(世界)は依然「他在」である。それは、私たちに対して開かれておらず、私たちを区別しつつ取り込んで生き生きと躍動するということのない、それ自身で完結してしまっている固定的な単一体だ、というのである。このような私たちにとっての「他在」としての社会(世界)が、ヘーゲルにおける重要語としての「実体」である(ただし、人々と社会(世界)との間に疎外あるいは乖離といった状態が歴史的にまったく生じたことのない、両者の端的な「単一体」としての社会(世界)——古代ギリシアの世界——をも、ヘーゲルは「実体」と規定する(一七八頁参照))。

こうした「実体」に対して「主体」だが、この重要語は、かの「対自」と、そしてまた、

「理性」と密接に関連する。すなわち、「主体」とは、「自らを再確立する同等性」であり、「他在における自己自身へと立ち返り」なのである(23)。つまり、「主体」とは、まずは、私たちが、悟性として自らの世界を構築する、つまり、自らを外化するという、この私たちの営みである。ここにおいては、私たちの構築する世界は、およそ自分の意のままにはならない「他在」である。だが、こうした「他在」は、まさに「他在」であるからこそ、私たち自身へと立ち返る。というのも、この「他在」は、そこにおいて、自然そのもの、社会そのものがとらえられていないからこそ、私たちにとっての「他在」であり、その主観(私たち自身)と客観(自然や社会)との「非同一性」のゆえに、「矛盾」(〈小矛盾〉)をはらむからである。この「矛盾」のゆえに、この「他在」としての世界は、不可避的に崩壊することが顕わになる。これによって、それは、全面崩壊する「無」として、私たち自身(「無」・理性)のうちへと立ち返るのである。こうして、私たち自身と私たちの構築する世界とは、まずは、「非同一」ではあるが、この「非同一性」において、両者の「同一性」(「同等性」)、ひいては、主観(私たち自身)と客観(自然・社会そのもの)との「同一性」(「同等性」)が、再確立される。こうした本来の私たち自身への立ち返り、「同一性」の再確立という、このこと――「絶対的な同一性」の確立

――が果たされたとすれば、その限りでの私たちや世界そのものが、「主体」である。こうして、主体とは、対象（世界・客観）が私たち自身にほかならないという、かの「対自存在」そのものであり、また、「理性」そのものである。「主体」とは、まずは、「対自存在」であり、「理性」なのである。

しかし、振り返るならば、このような「対自的な」あり方（「絶対的な同一性」・「絶対的な自由」）は、すでに「実体」においては確立されていた。「実体」は、それ自体「即自かつ対自存在」であったのである。そこで、問題なのは、この「即自かつ対自存在」が、いまだまさに「即自的（自体的）」であるにとどまるということ、「われわれ」哲学者のみに知られているということである。すなわち、「実体」の「対自的」というあり方、主観と客観とが完全に一致しているというあり方は、それが単に「実体」である限り、つまり、単に「即自的（自体的）」である限り、「われわれ」にのみ成立しているのであって、一般の人々、つまり私たちには、いまだ無縁のものなのである。だが、この「対自」というあり方は、一般の私たち皆において実現するのでなければならない。つまり、私たち皆が、実際に社会（世界）と一つになって、自分自身を自由に生きることができるのでなければならない。こうして、「即自かつ対自的」である

「実体」が、単に「即自的（自体的）」ではなく、一般の私たちに顕わになり、私たち自身にとって「対自的に」なるとすれば、それが、ヘーゲルの言う「主体」なのである。

「主体」においては、「絶対的な同一性」、つまり、「絶対的な自由」（「絶対的な無」）が、私たち自身に、そして社会（世界）に、生き生きと息づいている。つまり、「実体」において、すでに成立していた「対自」というあり方が、いまや、私たち自身において実現し、それによって、「実体」が「主体」となっている。「主体」とは、また、「生きた実体」(23)なのだ、という。

「主体」とは、こうして「生きた実体」なのだが、しかし、それが現実のものになるのは、容易なことではないだろう。「絶対的な無」の境地になれば、「絶対的に自由」だなどと言われても、それは頭では分かっても、およそそんな境地に達しうるわけではない。では、どうするのか。それは、「実体」の内実を丁寧に解き明かすことによるのだ、とヘーゲルは考えるのである。「実体」としては、現在すでに、「対自」つまり「絶対的な自由」は確立している。そこで、これを、私たちに全面開示する。それによって、私たちは、なるほど客観と一体なのだと納得し、実際にそのように、つまり、全面的に自由に生きうることになるだろうというのである。それは、「実体」における「対自的な」あり方の現実化・〈主体化〉なのである。

ヘーゲルは、この〈主体化〉の過程を、「主体」そのものの自己運動ととらえる。つまり、私たちが客観と一体であるという真実は、自ずと生成し（「自己自身の生成」（23））、現実化し主体化する。「主体」（真の現実）は、自ずと生成し、顕わになる。そして、この生成の運動は「円環」（23）をなすという。なぜなら、それは「実体」から始まって「実体」に終わるのだから。当初の「実体」のあり方が全面開示されるということが、帰結点なのだから。また、ヘーゲルは、こうも言う。この「主体」の自己運動とは、実は「実体」の自己運動でもある。「実体とはそれ自体、主体である」（53）、と。

「実体」すなわち「主体」は、自己運動をする。この自己運動によって、真実が、つまり、私たちは実は社会（世界）と完全に一体なのであり、絶対的に自由なのだということが、完璧に解き明かされる。『精神現象学』とは、ヘーゲルによれば、この完璧な解き明かしの記述なのだ、というのである。

「精神」(「理性」)

重要語について、最後にもう一つだけ、「精神」という語を見ておこう。この語は、目下の著書の書名にある語で、重要語であることは論を俟《ま》たないだろう。この「精神」という語は、すでにこれまでに、「具体的なもの」、「真なるもの」と言いかえられてきたが、要するに、それは、現実化した「即自かつ対自存在」であり、〈主体化〉された「実体」つまり「主体」であり、端的に表現すれば、「絶対者」である(28-9)。それは、もっとも包括的な概念であり、実際、『精神現象学』とは、その全体が「精神の現象」(40)の描写である。また、その目次立てにおいては、人間の知性が、「悟性」、「理性」、「精神」と、順に現われ論じられることから、ヘーゲルにおいて、「精神」は、「悟性」、「理性」をしのぐ最高の知性と位置づけられていると言われもする。さらには、かの『エンツュクロペディー』におけるヘーゲルの体系構成を振り返るならば(五四-五頁参照)、「精神」は、その第三部(総括部)を担うものなのである。

こうして「精神」とは、たしかに、ヘーゲル哲学の全体を覆い、表現する大概念であると言うことができよう。しかし、それゆえにこそ、この概念には、注意が必要なのである。というのも、それは、それほどの大概念であるがゆえに、その内実はきわめて希薄だからである。つまり、その内実は、いま述べたような「即自かつ対自存在」であるとか、〈主体化〉された「実体」であるとか、あるいは以下に見る「自己意識」であるとかという、他の諸々の重要語に全面的に依存する。また、さらには、それは、結局のところ、「自然」ではないすべて、すなわち、広く人間や神に関わる物事の総括概念もしくは総括的なイメージ(表象)と言いうるものとなっているのである。実際、ヘーゲルによれば、「精神」とは、「近代とその宗教に帰属する」「もっとも高貴な概念」であり、「表象」なのである(28)。

ここ、『精神現象学』においては、こうした「精神」という語があまりにも表立つので、ある語がほとんど影を潜めてしまっている。その語とは「理性」である。これは、その目次立てにおいて、一般的な形態へと限定されて登場し(「第五章」)、この章で、限定的な仕方で論じられる。しかし、本来「理性」とは基盤的、包括的な概念であり、いま言う「精神」の内実をなすものなのである。実際、『精神現象学』においても、「精神」は「絶対者」と同一視されるわけだが、その「絶対者」とは、かの哲学体系(『エンツュクロペディー』)の用語によれば、「肯定的理性的なもの」(8.176)なのである。その否定的な側面、すなわち、先に「否定的な絶対者の力」と言われたものは、「否定的理性的な」もの（8.168, 172）である。また、『精神現象学』においては、世界の歴史を司り、それを一貫して貫くものは、「世界精神」であるとされ、この表現が頻出する。しかし、本来の表現によれば、それは終始「理性」なのである。「あらゆる時代において……その課題を解決する」「真の哲学」を「産み出す」のは、「絶対者ならびにその現象」である「理性」であり（2.17）、「理性が世界を司り、世界の歴史は、理性のもとで進展する」（12.20）。

このように見るならば、「精神」とは、その意味合いを大きく膨らませてはいるが、そもそもは「理性」なのであり、「理性」を分かりやすく表象（イメージ）化したものなのである。こうした「精神」については、この言葉をめぐって、その意味やいかにと、しばしば、大々的な論議がなされる。しかし、「自然」という言葉の意味やいかにという論議がなされるだろうか。あるいは、「論理」については、どうだろうか。ヘーゲル哲学の体系を、いまいちど振り返れば、それは、「A．論理学」「B．自然哲学」「C．精神哲学」という三部構成だが、これらの表題語、つまり、「論理」、「自然」、「精神」は、いずれもが曖昧でありつつ、誰もが分かる平易な表象（イメージ）語なのである。

基本的に、ヘーゲル哲学における知性は、「悟性」と「理性」の二本立てであり、「理性」が上位の、そして最上位の知性である。これに対して「精神」は、この両者をも包括する、宗教性を帯びた表象（イメージ）概念である。「絶対者とは精神である」という「絶対者の最高の定義」（10.29）も、「その固有の領域つまり概念において把握されるべき」（10.30）「表象」（10.29）にほかならないのである。

「懐疑」・「絶望」――「緒論（Einleitung）」――

「序論」におけるいくつかの重要語に立ち入ることにより、『精神現象学』全体の展開がどのようなものであるのかが、ある程度浮かび上がってきたのではないだろうか。引き続き、第二の序論である「緒論」を採り上げて、『精神現象学』の展開の意味と論理に立ち入っておこう。まずは、次の一節を見よう。

> 自然的な意識は、自らを、むしろ直接、現実の知と見なすがゆえに、この「『精神現象学』の」道程は、否定的な意味をもつ。つまり、この意識にとっては、概念の現実化であるものがむしろ自分自身の喪失であるように思われる。というの

も、この意識は、この道程において、自らの真理を失うからである。それゆえに、この道程は、懐疑の道程と、あるいは、いっそう本来的には、絶望の道程と見なすことができるのである。(72)

「自然的な意識」とは、科学などにも携わりつつ、日々の生活を営む私たち自身である。『精神現象学』において、「意識」と言えば、それは、一般に〈対象意識〉を意味するが、それはまた「悟性」であると言ってもいい。悟性とは、一切を制限することによって、対象化し、それを認識する知性、すなわち〈対象意識〉である。私たちは、通常、こうした悟性(〈対象意識〉)であり、ここで言う「自然的な意識」なのである。この「意識」つまり私たちは、自らが対象化した一切――イヌ(プードル)、ネコ(ペルシャ猫)、サクラ(ソメイヨシノ)、ウメ(紅梅、白梅)といったもろもろの動物や植物、原子や電子、科学的な諸法則等々――を現実のもの、現に存在するものと考える。言いかえれば、私たちは、自らの知を「現実の知」と見なす。つまり私たちは、世界を、整理し、秩序づけ、法則化するという仕方で、知的に構成するのであり、現に存在する対象とは、こうして知的に構成されたもの、つまり、私たちの知そのものなのである。それゆえに、対象を現実のものととらえるということは、自分自身、つまり、自らの知を、「現実の知」、現実そのものと見なすということなのである。私たちは実際、日常、つねに自分たちの知識や、諸対象を、そして、それらで成り立つ私たちの世界を、現実と見なしていよう。自らの欲求・欲望のもとに、他の人々と闘争しつつ打ち立てる自らの世界も、悟性が〈ああでもない、こうでもない〉と策を練って我が物とする、悟性の知的世界であり、対象世界である。私たちは、まずは、これを「現実」と考える。しかし、こうした私たちの悟性的な世界（「感性界」）とは、先に見たように「非現実的なもの」（一一三 - 五頁参照）なのである。つまり、それは、決して自然そのもの、世界そのものではない。そうであることにおいて、悟性の世界は、かの〈小矛盾〉のうちにある。私たち（主観）と自然そのもの・世界そのもの（客観）とは一体化していないという「非同一性」のうちにある。

それゆえに、その世界は、私たち自身（主観）の構築物であり、その限り、私たち自身（主観）でありつつ、しかし同時に、私たちにとっての「他在」であり、それに相対する私たちは、「対他存在」である。ここにおいては、かの「対自」というあり方が、そしてまた、「絶対的な同一性」（「絶対的な自由」）が、実現していない。それゆえに、悟性の世界は、総じて崩壊する。私たちは、この崩壊を知って、自らの世界への執着を全面放棄する。ここに、かの「対自」そして「絶対的な同一性」が、つまり、「概念」が、私たち自身において現実のものとなる（一二一－二頁参照）。先に触れたように、『精神現象学』とは、この現実化のプロセスの詳細な描写なのである。

では、このプロセスの描写、すなわち、『精神現象学』の歩む道程は、私たち自身（「自然的意識」・「悟性」）にとっては、どういう意味をもつのか。それは、ひたすら「否定的な意味」をもつという。なぜなら、それは、私たちが、これこそが「現実」である、真実であり真の存在であると思っていたものが、実は「非現実的なもの」であるということ、真実でも真の存在でもないということが顕わになり、その崩壊が明らかとなる過程なのだから。私たちは、まさに「現実」を思い知らされるのである。こうして、それは、私たちにとっては、自己崩壊、自己喪失以外の何ものでもなく、「自らの真理を失い」、ひたすら「懐疑」を強くするだけの、「絶望の道程」だ、というのである。

「規定された否定」

ただし、この「絶望」は、ひたすら無に落ち込む、没落の事態ではないという。ここに有名な「規定された否定（bestimmte Negation）」という考えが語られる。

不完全な意識［自然的な意識］のとる形態の一つが懐疑主義だが、それは、結果のうちにいつもただ純粋な無のみをみて、その無が、まちがいなく、その結果へと至る〈もとのもの〉の無なのだということを、無視する。だが、この無とは、それが由来する〈もとのもの〉の無なのであり、ただそのように解されてのみ、実際真の結果なのである。したがって、それは規定された無であり、内容をもっている。……本当の意味での結果が、規定された否定ととらえられるとするならば、それによって……［『精神現象学』の］進展は、完璧な一連の諸形態を通して、自ずと果たされることになる。（74）

悟性の構築する知識、世界は、総じて無に帰することが顕わになる。それゆえに、悟性（「不完全な意識」）つまり私たちは、すべては空しいと絶望し、ひたすら懐疑主義に陥る。けれども、その無とは、無に帰する何かがあってこその無である。「絶対的な同一性」とは、つねに「非同一性」と一体なのである。つまりそれは、およそ何もないという「純粋な無」なのではなく、一定の何かが無に帰するという、この「移行」(ibid.)つまり運動なのである。これをヘーゲルは、「規定された無」、「規定された否定」とよぶ。これについては、これまでに見たとおりである。「絶対的な無(否定)」とは、決して単なる「純粋な無」なのではなく、あくまでも、否定された〈もとのもの〉の否定としての「規定された無(否定)」である。ただ、ここにおいてヘーゲルは、この「無」が、それ自体ただちに「内容」つまり悟性的な内容をもつと論じる。古い知は否定されるが、しかし、それによってなくなってしまうのではなく、新たな知に生まれ変わるというわけである。この生まれ変わりを通して、悟性的な知は、次々と新たな内容を顕わにする。ここに、悟性の構築物の一連の生成消滅のプロセスが生じる。それによって、その構築物の全体が、「完璧な一連の諸形態」として眼前に現われる。悟性の壮大、華麗な建築物の全容が、こうして、いわば自ずと姿を見せるというのである。

『精神現象学』とは、たしかに、この一連の否定(「規定された否定」)の論述、つまり、この「一連の諸形態」（生まれ変わり）を完璧にたどり抜く論議である。それによって、この次々と新たな姿を見せる壮大華麗な悟性の建築物の全体が、ことごとく崩壊するのだということが提示される。それをたどることによって、私たちは、自然そのもの・世界そのものと一体なのだということを、心底納得するに至る、という次第である。たしかにそうなのだが、しかしヘーゲルは、その際、この一連の論議が、およそ過不足のない十全で完璧な体系的論議であるということにこだわる。その展開には、「論理的な必然性」（55）もしくは「内在するリズム」（56）があるのであり、したがって、それは、完璧な体系を形作っているのだというのである。

ヘーゲル哲学といえば、よくもわるくも、見事な体系哲学だということになるが、それは、この哲学のいわば形である。もとより形は大事なのだが、しかし、それにこだわると、そもそもこの哲学そのものを見誤る。というのも、その場合には、悟性知の体系的な生まれ変わりの論議をひたすら追うことになるからである。その結果、『精神現象学』とは、あるいは、一般にヘーゲル哲学とは、悟性の建築物を、一階から最上階まで、隅々にわたって完璧にたどり尽くし、その全貌を開き示す体系知であると解されることになる。こうした誤解——これを引き起こしたのは、そもそもヘーゲル自身の体系へのこだわりなのだが——のもとで、ヘーゲル哲学とは、完璧な知を我が物とし、それによって神のごとくすべてを知り尽くしたと思い上がる傲岸不遜な哲学であるという非難が繰り返しなされることにもなる。しかし、大事なのは、形ではなく、内実である。その内実とは、悟性の構築物は、ことごとく崩壊し無に帰するという、この崩壊の動きであり躍動である。それは、世界における悟性的な諸存在（「有」）の認識でもあるが、しかし、つねに同時に、「無」もしくは「否定性」の認識でもある。つまり、それは、崩壊する諸存在（有）の認識なのである。この「有」「無」一体の認識は、「生命」の認識でもあり、また——ヘーゲルのニュルンベルク期におけるもう一つの主著『論理学』冒頭の、いわゆる「有」「無」「生成」の弁証法（5.82-3）にも見られるとおり——ほかならぬ「生成」の認識である。ヘーゲル哲学の核心は、こうした「有」「無」一体の「無」（「絶対的な無（否定性）」・「規定された無」・「生命」）の把握なのである。

『精神現象学』とは、徹頭徹尾「自己貫徹する懐疑主義」（72）であり、「絶望の道程」の叙述である。そこにおいては、徹頭徹尾、悟性知（「有」）とそのことごとくの崩壊（「生成」）が説かれる。この崩壊の把握においてこそ、「絶対的な無（否定性）」が、「絶対的な同一性」が成立するのであり、これが、ほかならぬ「絶対的な自由」の実現なのである。

『精神現象学』(2)

「意識」・「自己意識」・「理性」

『精神現象学』本論に立ち入ってみよう。それは、「A 意識」という表題で始まる。この「意識」とは、かの〈対象意識〉(一三四頁参照)であり、それが、まずもってのテーマだが、それは、三つの章に区分されて論じられる。すなわち、この冒頭の表題は、いわば大表題で、このもとに、三つの章が含まれる(巻末目次(二六〇 - 一頁)、随時参照のこと)。その第一章は、「感性的確信、もしくは〈このもの〉と思い入れ」と題され、すべてを〈このもの〉ととらえる素朴な対象意識と、その崩壊のプロセスが論じられる。第二章は、「知覚、もしくは物と思い違い」と題され、私たちにもっともなじみ深い対象意識、すなわち、すべてを何らかの「物」ととらえる対象意識と、その崩壊が主題化される。第三章は、「力と悟性、現象と超感性的世界」との表題のもと、きわめて限定された意味での「悟性」、すなわち自然科学的な知性が採り上げられ、その内実と崩壊の過程が詳述される。

そうしたなか、いまここでたどりたいのは、この第三章の終盤である。

「無限性」・「絶対的な概念」——「A　意識」「第三章　力と悟性、現象と超感性的世界」——

ここ第三章では、もとより、ヘーゲルのとらえる自然科学の内実が、詳細に論じられる。そして、その終盤においては、自然科学的な法則という悟性の堅固な構築物の崩壊の論理が展開され、それによって、かの「絶対的な無」・「絶対的な同一性」——それは「無限性」・「絶対的な概念」と表現される——の成立過程が、叙述される。その叙述の見事さゆえに、この箇所は、早々に迎える一つのクライマックスと見なしうるのである。それは、まさに、自然科学的な法則の崩壊論を引き継いで始まる。

先にも論及したように（七九-八一頁参照）、ヘーゲルによれば自然科学的な法則は、原理的に自然そのものをとらえることができない。目下の箇所によれば、「法則は、常に異なる状況のもとで、常に異なる現実をもつ」(121)。それゆえに、「現実」つまり自然をとらえようとすれば、そのつど「無数に多くの法則」(ibid.) を必要とする。このことは、自然法則が、自然をとらえることはできないということを端的に物語っている、という。ここに、自然科学的法則（いわば第一の法則）に対する「第二の法則」

が成立することになる。

第二の法則とは、その内容が、これまで法則とよばれていたものに、すなわち、自らに等しいものであり続ける安定した区別に、対立するものである。というのも、この新たな法則の表現することはむしろ、等しいものが等しくなくなることであり、等しくないものが等しくなることだからである。……第二の法則も明らかにまた法則、つまり、自己自身に等しい内的な存在であるが、それはむしろ、不等性の自己同等性であり、不安定性の安定性なのである。(127)

いかにもヘーゲルらしい言い回しだが、それによれば、「第二の法則」とは、安定した自己同等的な科学的法則が、自己同等性を失うこと、崩壊することを意味する。またそれは、「等しくないものが等しくなること」を意味するとも言われる。「等しくないもの」とは、千変万化し、およそ自己同等性を保持することなく、そのつど自然法則を突き崩す自然そのもの——いわば、根源的な「生命」そのもの——である。「第二の法則」とは、この自然そのものが「等しくなること」、つまり、自己同等化し、法則化することである。つまりそれは、科学的な法則が「自己同等性」を失って崩壊するという「法則」なのである。それゆえにそれは、「［自己］不等性」（崩壊）の「自己同等性」（恒常性）であり、「不安定性の安定性」（恒常的な法則は存在しないという「不安定性」の「安定性」）なのである。

こうした「第二の法則」は、まずは、自然科学的ないわゆる「法則」と対立する。ここに存するのは、かの〈小矛盾〉である。すなわち、「法則」は存立する（A＝A）。つまり、自己同一性を保持する。しかし、他方それは、存立しない（A≠A）。すなわちそれは、つねに、自己同一性を破られるのであり、ここに「第二の法則」が成立するのである。

この論議をヘーゲルは、さらに、こう展開する。

［ここにおいて］対立するものは、一つの対立するもの［として］の対立するものであり、換言すれば、そのもののうちに、他のものがそれ自体直接存している。……――こうして転倒した世界である［第二の］超感性的世界は、同時にもうひとつの超感性的世界でありつつ、これを超え出て広がる。……それは、世界そ

のものであり、かつ、それと対立する世界であり、この両者が一つの統一において存しているのである。(130-1)

「対立するもの」とは、「法則」つまり自然科学的法則と、その崩壊の法則である「第二の法則」とである。これらは、たしかに相対立する。しかし、それらは、実は、相対立する二つのものではない。そうではなく、実はここにはただ一つものがあるのみであって、その一つのものが相対立しているのだ、という。すなわち、「法則」は、それ自体のうちに自らの崩壊の要素を宿しているのであり、したがって、それ自体が同時に「第二の法則」なのである。また、「第二の法則」は、「法則」(自然科学的法則)が存立していることを前提としている。したがって、それは、この「法則」を自らのうちに包摂しているのであり、その限り、同時に、この「法則」でもある。こうして、ここには、内的な対立をはらむ一つのもの(「法則」かつ「第二の法則」)があるのであり、相互のうちに他のものが内在している。これは、しばしば解説される、ヘーゲルの矛盾の構造だが、それは、かの〈大矛盾〉——「同一性と非同一性との同一性」——にほかならない。すなわち、相異なり相対立する二つのもの(「法則」と「第二の法則」)との「非同一性」）は、実は一個同一のもの（両者の「同一性」）であり、その対立とは、この同一のもの（「同一性」）のはらむ内的な対立（〈小矛盾〉・「非同一性」）なのである。

このようにして、目下の「同一性」とは、「同一性」と「非同一性」との一体化、「同一性と非同一性との同一性」であり、「絶対的な同一性」（「絶対的な無」）なのだが、ヘーゲルはさらに、この「同一性」の成立した世界を「転倒した世界」であると言う。それは、どんな厳密な科学法則でさえ転倒して無に帰する世界であり、またその逆の世界でもあるのだからである。そして、この「転倒した世界」を第二の「超感性的世界」であるとも言う。第一の「超感性的世界」とは、科学的法則の世界である。科学的な法則は、もっぱら理論的なもので、感覚（感性）を超えた超感性的なものである。したがって、それによって把握される世界は「超感性的世界」であり、これが第一のそれである。これに対して、この法則が崩壊するという「第二の法則」によって把握される「転倒した世界」は、第二の「超感性的世界」であるというのである。この第二の世界は、まさに流動する自然（世界）そのものなのであり、したがって、それは、第一の世界を「超え出て広がる」。しかも、第一の世界と対立しつつ、それと一体化しているというのである。

こうした世界（自然）そのものを、さらにヘーゲルは、またもや「無限性」（131）、「単純な無限性」（132）とよび（八九 - 九一頁参照）、さらには、「絶対的な概念」（ibid.）と表現する。そして、こう語る。

この単純な無限性、もしくは、絶対的な概念は、生命の単純な本質、世界の霊魂、普遍的な血潮とよばれるべきものである。この普遍的な血潮は、至る所で現前し、いかなる区別によっても、濁らされも、中断されもしない。それは、むしろそれ自身一切の区別であると同様に、一切の区別が廃棄されてあることである。それはそれ故に、自ら動くことなくそれ自身の内で脈打ち、不安定に動揺することなく、自らの内で打ち震えているのである。（ibid.）

いまや世界は、それ自体、世界を脈々と流れる「普遍的な血潮」であり、「世界の霊魂」であり、「生命」そのものである、という。それは、「一切の区別」を、つまり、悟性の制限によって産み出されたあらゆる知識（諸法則）や諸対象を、全面的に受け入れつつ、その一切をきれいに廃棄する。それは一切を突き動かし突き壊しつつ、それ自体は不動である、つまり「無」（「絶対的な無」）なのである。

ここにおいては、テーマは科学的知性であり、したがって、私たちの日常的な生き方といったものが論じられることはない。しかし、一つの典型的な悟性的世界——科学理論の世界——が、その原理的な矛盾のゆえに、ことごとく崩壊し無に帰し、そこに生き生きとした生命（「絶対的な無」）がとらえられるに至るという、いわばヘーゲル哲学の基本的な構図が、ここに見事に描き出されている。この箇所が一つのクライマックスであるゆえんである。

「自己意識」——その成立——

大表題「A　意識」に続く大表題が「B　自己意識」である。ただ、大表題「A」には、第一章から第三章までの三つの章が含まれていたが、「B」のもとには、ただ一つの章つまり第四章「自己自身の確信の真理」があるのみである。この「第四章」を従える大表題「B」において主題化されるのは、もとより「自己意識」である。それは、自己自身を意識するということであり、そこにおいては、「自由」の問題が前面に出る。ただし、この「自己意識」という用語には、注意が必要である。というのも、それは、日本語の「自己意識」「自意識」という言葉とは、いわば逆方向の意味合いを含んでいるからである。この点を念頭に置きつつ、「自己意識」の成立の場面を見よう。

無限性、もしくは、純粋な自己運動の絶対的な不安定性……は、最後に、そのあるがままのものとして、意識にとって対象となる。それによって意識は、自己意識となるのである。（133）

「純粋な自己運動の絶対的な不安定性」とは、いうまでもなく、かの「第二の法則」であるが、それは、それ自体が「絶対的な同一性」（〈大矛盾〉）を形成する「第二の超感性的世界」であった。それは、生き生きとした生命そのもの（「絶対的な無」）であり、また、「無限性」ともよばれた。いまや、単なる「法則」ではなく、この「第二の法則」である「無限性」が、悟性（「意識」）の対象となっている。

この悟性の対象である「無限性」は、「絶対的な同一性」（「同一性と非同一性との同一性」）において成立しており、それは、まずは、「法則」と「第二の法則」との間の「絶対的な同一性」である。だが、さらに、それはそのまま、「主観」（悟性およびその世界）と「客観」（自然そのもの・「第二の法則」）との「絶対的な同一性」でもある（八一–二頁参照）。すなわち、ここにおいては、悟性の構築する世界が全面的に無に帰することが明らかになり、ひいては、悟性自身も無となり、ここに「主観」（悟性およびその世界）と「客観」（それ自体無・謎である自然そのもの）との一体化が果たされるのである。つまり、目下の悟性の対象である「無限性」とは、主観・客観の一体性であり、それ自体、主観（悟性）そのものでもある。したがって、いまや悟性は、自分自身を対象としている。自分自身を対象として見ているのである。すでに明らかだろう。ここにおいて悟性は、「対自存在」となっているのである。悟性は、そもそもは、自らの世界を構築し、それを対象ととらえる〈対象意識〉である。しかし、いまや、その対象が、自分自身なのである（「対自存在」）。そうであることにおいて、対象をとらえる〈対象意識〉は、自己自身をとらえる「自己意識」となっている。この悟性は、すでにかの「理性」（「主体」）なのである（一二五–七頁参照）。

ここに、日本語の「自己意識」、「自意識」と目下の「自己意識」との決定的な方向性の違いが存している。日本語において、「自己意識」・「自意識」といえば、それは、通常、一方的な内向きの表現だろう。自意識過剰だというように。これに対して、目下の自己意識とは、外に、つまり外の対象・外の世界に向いている——開いている——のである。それは、外の対象・外の世界を、自己自身であるととらえる意識(自己意識)なのである。だからこそ、ドイツ語で、自己意識をもつといえば、自信をもっている、自信があるという意味になる。「自己意識」において、世界は、端的に自分自身なのだから。自分は、自分の思うがままに世界を生きているのだからである。

ただし、むろん私たちは、通常、思うがままに世界を生きるなどということはできない。しかし、ヘーゲルによれば、こうした「自己意識」は、科学的な法則の崩壊が明らかになった時点で、成立しているという。いうならば、私たちは、自然そのものを、ひいては、世界そのものを、一般的・法則的にとらえることなどはできないということを古来知っているのだから、そうであることにおいて、私たちは、そもそもつねに「自己意識」なのだ、というのである。だが、むろん、そうだからといって、私たちは、世界を自分自身であるとして、思うがままに生きてきたわけではない。むしろ、私たちは、つねに、「他在」としての世界・社会から疎外されて生きてきたし、生きている。たしかにそうである。しかし、ヘーゲルによれば、私たちは、実は、そのつど、さまざまな経験を積む――歴史を歩む――ことにおいて、そうした「他在」・「疎外」という状態を、すでに完全に克服してしまっている。それゆえに、私たちは現在すでに、完璧な「自己意識」なのであり、「絶対的な同一性」(「絶対的な無」・「絶対的な自由」)を完全に実現してしまっているのだという。つまり、そうした事態は、「即自的(自体的)」には――「実体」としては――達成してしまっているのだ、と。それをこれから明らかにしてみせましょう。そのために『精神現象学』を展開しましょう、とヘーゲルは言うのである。

このように見るならば、これ以後の『精神現象学』の展開、あるいはその全体は、私たちの「自己意識」というあり方の、私たちにとっての現実化、〈対自化〉のプロセスなのである。これによって、私たちは実際、世界から疎外されてなどはいない、世界そのものを生きているのであり、また、生きることができるのだ、とヘーゲルは説こうとするのである。

「ストア主義」・「懐疑主義」・「不幸な意識」――「自己意識」の展開――

こうして、「自己意識」、つまり、対象を自己自身ととらえる意識をめぐる詳細な論議が始まる。すなわち、私たちはすでに「自己意識」であるのだが、この「自己意識」は、それ自体、その存立と挫折の経験を含みもっている。つまり、それは、歴史を刻んでいる。その歴史をたどることによって、「自己意識」の内実を明らかにし、それによって、私たちは現に、文字どおりの「自己意識」であり、「絶対的に自由」であるということを明らかにしようとするのである。

この論議の冒頭に位置するのが、すでに論及した「生死を賭けた闘争」である（一〇七‐八頁参照）。私たちは、「自己意識」である。それゆえに、眼前の対象世界を自分自身だととらえる、つまり、すべては自分のものだと考える。それゆえに、まずは、他者との「生死を賭けた闘争」が、不可避なのだという。きわめてプリミティヴな意味での「自己意識」だが、ヘーゲルは、ここから論議を始める。そして、この闘争の結果生じるのが、「主人」と「下僕」という両身分である。これに関しては、通常は、「主人」が「自己意識」というあり方を実現していると考えられよう。しかし、ヘーゲルによれば、「主人」は、すべてを支配下の人間（「下僕」）の「労働」（153）に頼るがゆえに、本当は自分では何もできない。世界と一体ではない。世界と一体（「対自的」）であり、真に「自己意識」であるのは、実は「絶対的な主人の恐怖」のもとで「労働」

を実際に遂行する「下僕」なのだという。

これを踏まえて成立する「自己意識」が、「ストア主義」である。いわゆる「禁欲主義」だが、欲望に振り回されると世界と乖離してしまうので、世界そのものを生きるために、つまり絶対的に自由であるために、欲望から身を引き離し、「真と善、叡智と徳」（159）を生きよう、「理性的であること」（158）に徹しようという、私たちもときに抱く人生訓的な思いが、その考え方である。しかし、ヘーゲルによれば、これは、単なる「純粋思想」（ibid.）、つまり、単なる頭のなかでだけの話であって、内実がない。その自由とは、「生命の充実を欠いており」「生き生きとした自由そのもの」（ibid.）ではない。実際、何が真であり善であるのか、どう振る舞うことが、理性的なのか、そして、本当の意味で自由なのか、と問われれば、答えに窮する。つまり、「ストア主義」は、そうしたものを結局、悟性的に限定しようとするわけだが、それは不可避的に崩壊する。それゆえに、それは「懐疑主義」へと移行せざるをえない、という。

この「懐疑主義」とは、あらゆる物事、つまり、あらゆる「固定化された区別」（161）を、ことごとく懐疑のうちに投げ込むという、徹底した「否定的な運動」（160）である。これによって、まさに、一定のものとして限定された一切、つまり、すべての悟性的なものが無に帰する――歴史にも見られるように、絶対的なものは何もなく、すべては崩れ去る――ことが明らかにされ、「絶対的な自由」（「アタラクシア」（161）・泰然自若）が確保されると考える。この「自己意識」は、この「否定」によって、「自らが自由であるという経験を生み出し、それを真理へと高めるのだ」（161）という。こうした思いも私たちはときに抱こう。しかし、こうした「懐疑主義」は実際の振る舞いにおいて、どのように現われるのか。それは結局、眼前の物事、つまり、自らの欲求・欲望に振り回されるというだけのことになる――眼前の物事（欲求・欲望）の「空しさを語りつつ、それら自体を自らの振る舞いの力とする」（162）、つまり、お腹がすけば食を欲し物を食べる――。ここには、ひたすら、覚束ないよろめきと「めまい」（161）があるのみで、それは「不幸な意識」とならざるをえない、とヘーゲルは論じる。

「不幸な意識」とは、「懐疑主義」のもとでの分裂の意識である。すなわち、すべては無に帰するという、いわば無の境地を達成し、自分は端的に自由であるという意識が一方にあり、また他方、眼前の事物・欲求に振り回されるという事実がある。この両者は、調停不可能な「矛盾」（163）であるという。この「矛盾」つまり「非同一性」を生きなければならないのが、「不幸な意識」である。ただ、ヘーゲルは、ここにただちに、キリスト教の三位一体論をもち込む。すなわち、目下の意識は、無の境地を眼前にとらえているのだが、しかし、実際は、その境地を実現することはできない。それは、自分の手の届かない、いわば雲の上にある。この雲上（天上）にあって、自らのいわば理想のあり方を示すのが、「第一の不変のもの」（165）つまり天上の神である。また、この神は、意識自身の理想型なのだから、意識自身と同様の形態、つまり「個別性」（一個の人間）という形態をとる、という。これが「第二の不変のもの」（ibid.）つまりイエス・キリストである。ヘーゲルはこれを、「不変なもののもとでの個別性の出現」（ibid.）と表現する。そして、最後に、地上にあって、眼前の事物・欲求に振り回される意識、いうならば通常の私たち自身が、「不変のもの」となる。というのも、私たち自身（意識自身）の理想型である天上の「不変なもの」とは、実は、地上に生きる下賤な私たちと不可分、一体であるからである。天上の存在は、たしかに、叡智と徳に満ち、真であり善であるわけだが、そもそもそういう存在が、理想として設定されるのは、私たちが、愚かで不徳を犯し、偽であり悪であるからである。だからこそ私たちは、地を脱却した天を思い描く。天は地と表裏一体なのであり、そうである限り、悔悟し天を思い描きつつ地を這い回る私たちが、そのままの姿で、天と一体でありうる、「不変なもの」でありうる――地がそのまま天に受け入れられる――というのである。こうして、あるがままの私たちが、そのまま「不変なもの」でありうるということが、「個別性のもとでの不変なものの出現」(ibid.)と表現される。これが、地上の私たちと天上の神との「和解」(ibid.)であり、「聖霊(Geist)」(ibid.)の成立である。ここに、「神」・「神の子イエス」・「聖霊」という三位格が存立する。「矛盾」・「非同一性」という決定的な分離を生きる「不幸な意識」のもとで、このように、キリスト教における三位格が立ち現れる、とヘーゲルは説くわけだが、しかし、もしそうだとすれば、「不幸な意識」は、もはや不幸ではない。なぜなら、三位は一体なのであり、したがって、当の意識、つまり地上の私たちは、天上の理想とすでに一体化し、すでに「絶対的な同一性」を、「絶対的な自由」を生きえていることになるからである。だが、私たちはやはり依然「不幸な意識」なのである。なぜなら、私たちにおいて、こうした三位が成立し、それが一体であるということを知るのは、当面、「われわれ」(166)哲学者のみだからである。私たちは、当面なお、天上の神と地上の自分自身との乖離に苦しむのである。しかも、私たちは、自分で自分を、この苦しみから解放することはできない。それは、「第三者」(174, 176)つまり聖職者(司祭)を介してのみ可能となる。しかし、むろんそれは、私たち自身によって果たされるのでなければならない。それを果たすために――「絶対的な自由」を自分で手にし、自分で自ら「自己意識」となるために――私たちは、次に「理性」へと展開することになる。

すでに明らかかとも思われるが、こうした自己意識の諸相の展開は、世界史の流れに即して行なわれている。すなわち、「ストア主義」「懐疑主義」は、古代ローマに、「不幸な意識」は、中世のキリスト教世界に、そして、以下の「理性」は、広範な近代に対応する。もとより、ヘーゲル自身が繰り返し言及するように（34, 225, 585-6, 590-1）、『精神現象学』の叙述は、世界史の流れに即して展開されるのだが、それが本格的になされるのは、第六章「精神」からである。しかし、すでにその叙述形態が取られはじめているのである。

「理性」——総論——

さて、「理性」だが、それは、「A　意識」、「B　自己意識」にならぶ大表題である。だが、すでに大表題「B」のもとには「第四章　自己自身の確信の真理」のみが存し、大表題「B」は、この小表題「第四章」と同格のものとなっていた。つまり大表題はすでに小表題化していた。同様に、大表題「理性」も小表題化し、「C（AA）理性」と表記される。そして、そのもとに置かれるのは、「第五章　理性の確信と真理」ひとつのみである。

この章では、もとより「理性」が主題であるわけだが、この「理性」とは、これまでに見た、ヘーゲル哲学全体を貫く基盤としてのそれではない。そうではなく、「悟性」の場合と同様に、一定の形に限定された「理性」である。それは、近代における〈理論理性〉および〈実践理性〉である。

この理性の根本性格とは何かといえば、まずは、それは、自分自身が、自然そのもの・世界そのものを完全にとらえていると確信しているということ――「絶対的な同一性」の「確信」――である。すなわち、「不幸な意識」であることにおいて、私たちは、天上の「不変のもの」と完全に乖離してしまっていた。そして、この乖離を、かの「第三者」が除去してくれた。それによって私たちは、この天上の「不変なもの」と、ひいては、自然そのもの・世界そのものと一体であるということ（「絶対的な同一性」）を、「確信」するのである。それは心情的な一体感でもあろうが、しかし、結局は、頭の中で、そして、頭の中だけでなされる「確信」であるにすぎない、という。そうである限り、それは、「観念論」(179以下)であり、「純粋範疇」(184)――単なる形式的な主観・客観の一体性――であり、また、「妄想」(ibid.)でもあるという。したがって、目下の理性は、さらに、この「確信」が単なる観念でも、単なる頭の中だけの思考でも、妄想でもなく、「現実(Realität)」であり「真理」であることを証明しようとするに至る、という。つまりいまや私たちは、理性として、私たち自身で、私たち自身に、自らが「絶対的な同一性」(「絶対的な自由」)であることを明らかにしようとする。すなわち、私たちは、私たち自身が「自己意識」であるということを、自らに提示しよう、というのである。こうして、目下の「第五章」とは、「理性」が、自らの「確信」を「真理」へと高めようとするプロセスの叙述なのである。

「理性」――理論理性――

その最初の節は、「A. 観察する理性」と題されるが、これは、いわゆる理論理性である。それは、次のように特徴づけられる。

理性は、……物の形をとるもののうちに、ただ自分自身の意識のみを保持する。

……理性とは、……現前するものが理性的なものであるという確信である。理性は、他者を求めるが、そこにおいて、自分自身以外の何ものをももたないということを知っている。それはただ、自分自身の無限性のみを求めるのである。(186)

「観察する理性」つまり理論理性は、対象が、自然であれ人間であれ、また、宇宙全体であれ、それらをつぶさに観察して、これらの対象を、そのあるがままにとらえようとする。これは、対象認識(対象意識)であり、したがって、それは、かの広義の「悟性」の営みである。ただ、この悟性は、いまは、この対象が、つまり、「物の形をとるもの」が自分自身と一体のものであること――自分のとらえるとおりのものであること――を、「確信」している。悟性はまさに理性となっている。したがって、それは、「他者を求める」、つまり、対象を観察し、それを限定し、一定のものとして把握するが、そうした対象のうちに見て取るものは、ひたすら自分自身なのである。「現前するもの」つまり対象は、「理性的」つまり「理性」そのものなのである。このことを、ヘーゲルは、「自分自身の無限性」をとらえると言う。というのも、「理性」とは、すでに対象によって限定される〈有限なもの〉ではなく、対象も自分自身なのだから、何ものにも限定されない〈無限なもの〉だというのである。むろんこの「無限性」というう表現には、この語の一貫した意味が盛り込まれている。それは、かの第三章末尾に表われた「無限性」、すなわち、世界を脈々と流れる「普遍的な血潮」、「世界の霊魂」、「生命」そのものである。

では、こうした理性の論議は、実際には、どのように展開するのか。それは、世界の一切を観察しとらえるという、そのありとあらゆる方策の叙述である。それは、世界の観察・記述から始まり、徴表認識、法則把握、有機体把握を経て、類・種・個の関係認識へと至り、「論理学的法則」や「心理学的な法則」に触れた後、人相術や骨相術（頭蓋論）にまで、話が及ぶ。むろん、こうした一切の対象認識は、悟性的な限定によるものである限り、ことごとく無に帰す。つまり、いずれの認識も対象そのものをとらえてはいないことが露呈する。これによって悟性認識は崩壊するのだが、目下の認識主体は理性である。いまや理性は、悟性認識が崩壊するということのうちに、対象認識の真実を見ようとする。対象つまり世界は、生命——かの「無限性」——だということである。この真実の表現が、ヘーゲルの言う「無限判断」（260）である。

「精神は物である」(259)、「精神の存在は骨である」(260)、「自己は物である」(ibid.)等が、これである。主語と述語は無限に(絶対的に)異なっている。この無限に異なる両者が同一である。つまり、精神や自己は、物という死んだものとして存在するが、しかし、その物が、実は、生き生きとした生命、精神、自己である、というのである。こうして理性は、対象(「物」)のうちに、生命を、そして自己をとらえる。ここに理性の「確信」(「絶対的同一性」の「確信」)が「真理」へと高まり、「現実」となるというのである(ここでの議論は、最終的には、すべての「法則」は崩壊するという、かの「第二の法則」論(一四三頁以下参照)の再現である(255など参照))。

このようにして、いまや「絶対的な同一性」(「絶対的な自由」)の「真理」――「自己意識」というあり方――が、理論理性のレベルで「現実」のものとなったというわけだが、ここでいったん、これまでの流れを、簡単に振り返っておこう。そもそも『精神現象学』の出発点は、主観・客観の「絶対的な同一性」が、「即自的(自体的)」にはすでに成立しているということ、それを、通常の私たちに対して、現実化し〈対自化〉しようということ、それを私たちに説き示そうということであった。すでに、かの第三章が、この〈対自化〉の論議であった。すなわち、それは、悟性世界の崩壊論であったわけだが、それによって明らかにされたことは、そこに、まさにこの「絶対的同一性」（「無限性」）が成立しているのだということであった。自己意識論から理性論に至る論議は、この悟性の崩壊論を踏まえて成立した「絶対的同一性」つまり「自己意識」が包摂する諸内容（歴史）の展開であった。すなわち、私たちは、自らが「自己意識」であるからこそ、世界と一体化し、世界そのものを生きようとする。しかし、実際には私たちは、そのつど挫折せざるをえない。これは「自己意識」が自ずと経験する自らの内実なのである。こうした経験（歴史）を経て、「自己意識」は再び、「絶対的な同一性」へと復帰し——出発点（悟性崩壊論）へと立ち返り——、ここに、「自己意識」の内実が、私たち自身に顕わになる。それによって、私たちは、自らがまさに「自己意識」であることを鮮明に見てとる〈対自化〉するというのである。

ただ、こうした論議を知らない一般の人たち（「自然的な意識」「不完全な意識」としての私たち）にとっては、この内実が顕わになるプロセスは、ひたすら懐疑と絶望のみを引き起こす。すなわち、堅固な科学理論でさえ崩壊し、キリスト教世界においても、天（神）と地（私たち）との乖離は決定的だし、理性の営みも、私たちにとっては、実に、あらゆる理論（悟性の構築物）が総崩れするというだけのことなのである。「精神は物である」という理性のとらえる真理も、一般の私たちにとっては、懐疑すらも引き起こさない、およそばかげた空論であるにすぎないのである。

こうした「自己意識」の挫折と復帰の論議を踏まえて、理性論は、さらに理論理性論から実践理性論へと展開する。

「理性」——実践理性(「絶対的な同一性」の希求)——

実践理性論において展開される論議は、再び——実践理性という観点から見た——近代における「自己意識」の挫折と復帰の過程である。すなわち、「自己意識」(「絶対的な同一性」の意識)は、いま〈実践理性〉という観点からとらえ返されるのだが、この観点においても、さまざまな挫折を経験することにおいて、その内実を豊かにする。いま、その挫折と、そして復帰の経験をたどることにおいて、その内実を顕わにしようというのである。

ここにおいても、実際私たちがときに駆られる思いが採り上げられる。その最初の節は、「B. 理性的な自己意識の自己自身による実現」(263)と題され、その第一項は「a. 快楽と必然性」である。ここで論じられるのは、若き異性を我が物とすることによって、我が世の春を楽しもうという、「自らを実現する精神〔自己意識〕の最も貧しい形態」（272）である。若き異性と愛を遂げて、この世をも我が物としたかのように謳歌する輩は、「絶対的な同一性」（「絶対的な自由」）を手に入れたかのように大いなる満足感に浸る。しかし、当然のことながら、たちまち「必然・運命」（273）に襲われ、「打ちのめされ」（274）、「個別性の無」（273）と化す。次の第二項「b．心の法則と自負の狂気」では、「人類の幸せ」（276）――人類の皆が幸せになりますように――という誰もが願う「心の法則」（275）を実現しようと自負する人々が登場する。この法則が実現されてこそ、皆が心を一つにして、社会の総意を形成し、それを実行することができるというわけである。だが他方、実際には、世界は「抑圧する……暴力的な秩序」（ibid.）以外の何ものでもない。そこで、この自負する人々は、この世界に対して、この「心の法則」を実現すべく、敢然と行動を起こすのである。だが、そこに待っているのは、やはり挫折であり没落である。なぜなら、「幸福」などというものは人それぞれで、「人類の幸福」なるものは、内実のない単なる空虚な言葉にすぎないのだから。ここに、自負する人々は、自らの目標を失い、「自分自身の疎外」（279）に陥り、「錯乱し」（ibid.）、「狂気」（280）し、「怒り狂い」(281)、「没落する」(279)。第三項「c. 徳と世の流れ」で描写されるのは、自己愛・利己主義を、つまり総じて〈我〉というものを捨ててこそ、誰もが存分に才能を発揮しうる「善い真の」(284)社会が実現すると考える「徳の意識」(283)である。こうした社会においてこそ、人々は、社会と一体化し、社会そのものを生きることができるというのである。この意識は、こう考えて、我を張って生きる人々やその社会に向かい、〈我を捨てよ〉と、敢然と戦いを挑む「徳の騎士」(286)となる。だが、この騎士はまた、不可避的に敗北するという。なぜなら、善い真の社会で万人が発揮する才能とは、実は〈我〉にほかならないのだから。つまり、才能とは、すべて「個人によって生命を吹き込まれたもの」(287)なのであり、いうならば〈我〉である。存分に才能を発揮するなどと言えば聞こえがいいが、要するにそれは〈我を張る〉ことなのである。そうであるとすれば、「徳の騎士」は、〈我を捨てよ〉と戦いつつ、実は〈我〉を大事にせよ、存分に〈我を張れ〉と説いて回っていることになる。ならば、この戦いはまともな戦いにはなりようがない。それは、「いかさまの斬り合い(Spiegelfechterei)」(287)にすぎないという。「徳の騎士」は、必然、敗北し、もとより皆が自らの才能を存分に発揮しようとしている「世の流れ」、つまり世間に飲み込まれる。

こうして、いずれにしても、社会との一体化を実現し、「絶対的な自由」を手に入れようとする企図は、挫折する。ここに人々は、錯乱し、絶望する。しかし、すでに明らかなように、この絶望においてこそ、世界そのものとの「絶対的な同一性」が成立しているのである。かの「個別性の無」においてこそ、かの我が世の春の輩は、自らを打ちのめす「必然・運命」つまり社会そのものと一体化しているのであり、理想の社会を実現するのだと自負する人々や「徳の騎士」も、敗北し没落することにおいてこそ、現実の世界（社会）に飲み込まれ、これと一体化する。総じて、悟性の構築する世界の崩壊において、理性が顕現する。つまり「対自」（「絶対的な同一性」）が現実化する。こうして、「自己意識」（私たち）は、幾多の挫折を経て、いまや本来の自己自身へと復帰する。目下の叙述は、このようにして「自己意識」の内実を顕わにし、本来の自己への復帰を説き示すのである。

なお、この節の三つの項（a、b、c）は、それぞれ、代表的な近代の文学作品を題材にしている。「a」については、ゲーテの『ファウスト』などであり、「b」については、シラーの『群盗』など、「c」については、セルバンテスの『ドン・キホーテ』

などである。

「理性」――実践理性(「絶対的な同一性」のなかで)――

実践理性に関する第二の節は、「C.即自かつ対自的に自らにとって実在的である個人性」(292)と題される。ここでの主題、つまり、この「個人性」とは、「即自かつ対自的な」「実体」が、「自ら〔個人自身〕にとって実在的」となった、つまり、完全に現実化し対自化し「主体」となった個人――「絶対的な同一性」・「絶対的な自由」を自らにおいて実現し、そこへと復帰した個人――である。いまや個人(私たち)は、これまでの経験を踏まえることにおいて、完全な「対自存在」となり、十全な「自己意識」となりえている、というのである。それゆえに、目下の「理性」(私たち)とは、自然や社会と完全に一体化し、自分自身において、自然や社会そのものを生きる、十全な理性(実践理性)である。ヘーゲルは、こうした理性を、まずは総論において、こう特徴づける。

その行為は、何事も変えず、何事にも逆らわない。それは、見えないことから見

> えることへの移行という純粋な形式であり、明るみに現われ、眼前に立ち出でる内容は、すでにその行為がもともとそういう内容であるという、それ以外の何ものでもない。（293）

目下の理性が自ら行なう行為は、自然や社会のなるがまま、進むがまま、完全にその流れに即して遂行される。それゆえに、その行為の行なうことは、自然や社会が、もともとそうなるはずであったものに、現になるという、そういう自然や社会の生成・進展を、それらとともに遂行するという、ただそれだけのことである。したがって、それは、「何事も変えず、何事にも逆らわず」、「見えないことから見えることへの移行という純粋な形式」であり、そこには、もともとないものは何もない、というのである。

この総論に続く本節の第一項は、「a.精神的な動物の国と欺瞞もしくは〈ことそのもの〉」と題されるが、目下の理性は、自らが何をしようとも、「高揚も悲嘆も悔恨もない」（299）という。なぜなら「私」（理性）は、いつでも、自然や社会のなるがまま、進むがままに振る舞うにすぎないのだから。こうした私たちは、あたかも動物であるかのように、自然そのもの、社会そのもの、つまり「ことそのもの」（304）を生きている、という。すなわち、私たちは、「精神的な動物の国」の住人である、というのである。ただ、この国においては、「欺瞞」が横行しうる。なぜなら、この国の住人は、自分が何をやっても、また、やらなくても、事がうまく運んでも運ばなくても、すべては、自然や社会のなるがまま、進むがままなのだとして満足できるし、また、どんなに自分中心の振る舞いをしても、それは、社会の流れそのものなのであり、したがって、それは、社会のためなのだと言い張れるからである。こうして、それは「互いにだまし、だまされる」（308）世界である、という。しかし、やがて人々が気づくことは、実際、自分中心の振る舞いも、そのまま同時に社会のための振る舞いであり、社会のための振る舞いも、結局は自分中心の振る舞いなのだということである、という。実際、そのとおりであることは、「徳の騎士」の末路などによって明白になっている。このことに気づくことによって、最初の認識に立ち返る。すなわち、自分たちの行為は、やはり、そのまま自然や社会のための行為なのであり、そのなるがまま、進むがままの流れに即したものなのだ――「ことそのもの」なのだ――と。こうして、この気づき以前には、実は、なお「実体」（304-5）でもあった「ことそのもの」が、いまや、いよいよ、完璧に「個人性によって浸透された実体」（310）すなわち「主体」（ibid.）となる。ここにおいては、「個人性が、……この個人であるのとまったく同様にすべての個人である」（ibid.）ことになる、というのである。

次の第二項「b. 立法的理性」において確認されることは、すでに「主体」が確立された「ことそのもの」においては、もはや、普遍的な立法が不可能だということである。なぜなら、ここにおいては、どういう行為が、よい行為であり、正しい行為であるのかを決定することができないからである。というのも、一人一人のそのつどの行為が、ことごとく、自然のため、社会のために行なわれるのであるのだから。「真実を語れ」（313）、「隣人を愛せよ」（314）――普遍的な立法――などと言ったところで、まったく無内容なのである。何が真実であり、なにが隣人愛なのかは、人それぞれ、また状況次第で、まったく異なるのだから。自己愛がそのまま隣人愛でもあり、また、その逆でもありうるのだから。さらに第三項「c. 査法的理性」も、基本的に同内容である。すなわち、立法は不可能なので、今度は、査法、すなわち、すでに成立している普遍的な法を査問してみようという。たとえば、「私有財産」（317）という一般的に承認されている制度だが、これは正当なのか不当なのか、調べよう、と。しかし、結局は、これについても判断を下すことはできない。なぜなら、「ことそのもの」においては、あらゆる個人のあらゆるあり方が許容されるのだから。ここにおいては、「私有財産」が承認されることもされないことも、容認されざるをえない。にもかかわらず、いま、「私有財産」は承認されているのだが、それは、そのことが正しいからではない。そうではなく、それは、承認されているから承認されているということ以上でも以下でもない。すべてが同様である、というのである。

このようにして、私たちが「ことそのもの」と完璧に一体である――私たち（主観）が、自然や社会（客観）そのものと「絶対的に同一」である――ということ、すなわち、私たちが「絶対的に自由」であるということが、どういうことなのかが、具体的に描写される。ここにおいては、私たちは、「自分たち自身にとっておよそ曇りのない、分裂することのない精神」（321）である、という。いまや私たちは、これまでの〈歴史〉を踏まえ、私たち自身が「絶対的な同一性」を実現し、「絶対的に自由」であるということを、全面的に了解するに至っている。すなわち、私たちは、私たち自身において、「自己意識」というあり方を全面的に実現している。「不幸な意識」におけるかの天上の神との乖離をも克服し、私たちは、「非の打ち所のない神々しい姿をとる」

(ibid.)に至っているのだ、とヘーゲルは言うのである。

歴史的に見るならば、目下の「C」節の「b」、「c」の二項は、カントの倫理思想および法思想に対する批判論を展開したものであるわけだが、これによって、『精神現象学』の前半が終了する。すでに「実体」として、「即自的（自体的）」には成立している「絶対的な同一性」・「絶対的な自由」を、「主体」化する、つまり、私たち自身に対して現実化し〈対自化〉するという、その論議は、この「理性」の展開をもって、まずは一通りなされたこととなる。それは、ヘーゲルによれば、「実体」に始まって「実体」に終わる「円環」運動であり、「内在的なリズム」を刻んで進展する「実体」＝「主体」の自己運動であった（一二九頁、一三九頁参照）、というわけである。

さて、『精神現象学』は、こうして一つの節目を迎える。そもそもヘーゲルは、カントの提示した「感性界」と「知性界」の一体化に真の自由（「絶対的な自由」）を求め、それを、「絶対的な無」・「絶対的な同一性」ととらえ返しつつ論議を展開した。そして、ここ『精神現象学』において、私たち自身が、その自由を現に実現しているのだということを全面的に説き示し、それによって、私たちを「絶対的に自由」な生へと導き入れることをもくろんだ。その論述が、「自己意識」の現実化論として展開され、いま一段落を迎えるのである。しかし、では、いま、そのもくろみは果たされたのだろうか。私たちは、『精神現象学』のここまでの論議をたどり終えた結果、自らが現に絶対的に自由であると、まさにドイツ語の意味での十全な「自己意識」であると確信し、日々何事にもこだわらず、自由に生きるということに至りえたのだろうか。私たちは、存分に自らの才能を発揮しつつ、「高揚も悲嘆も悔恨もない」「精神的な動物の国」へと至り、そこで、あるがままの「ことそのもの」をあるがままに生きるなどという「非の打ち所のない神々しい姿」を実現しえたのだろうか。その答えは、総じて否定的だろう。これまでの論述をたどって、そのような「絶対的な自由」を手にしえたという人は、ほとんどいないのではないだろうか。課題は、いまだ果たされてはいないだろう。

『精神現象学』は、なお、こうした自らの課題を背負いつつ、後半へと引き継がれるのである。

『精神現象学』(3)

「精神」・「宗教」・「絶対知」

『精神現象学』後半は、「精神」と題される章（「精神」章）から始まる。それは、大表題「（BB）精神」であると同時に、小表題「第六章　精神」でもあり、これ以後、大表題と小表題は、同一の表題名で、単なる区分表示のちがい（「（BB）」と「第六章」）があるのみとなる。では、この表題名である「精神」とは、何を意味するのか。それは、いましがた見たように、「自分たち自身にとっておよそ曇りのない、分裂することのない精神」であり、「非の打ち所のない神々しい姿をとる」私たち自身である。つまり、世界（社会）との「絶対的な同一性」を生き生きと生きる、「絶対的に自由な」私たちである。しかし、実際、私たちが、このようにとらえ返され描き出されたのだとすれば、「実体」を〈主体化〉し〈対自化〉するという『精神現象学』の課題は、すでに完全に果たされてしまっている、ということになろう。しかし、ヘーゲルは、この〈主体化〉・〈対自化〉の論議を、いまいちど、明確に歴史的にたどり返そうとするのである。その構想は、こうである。すなわち、いま達成された「絶対的な同一性」・「絶対的な自由」の世界は、古代ギリシアにおいて、「即自的（自体的）に」つまり「実体的に」実現されていた。この世界は、たしかに、人々が絶対的に自由に生きる理想の世界であるのだが、しかし、人々は、そのことをおよそ意識（自覚）していない。この世界においては、人々と世界との間に、疎外あるいは乖離といった状態がおよそ存在したことがないからである。その限りで、その実現はなお「即自的（自体的）」「実体的」であるという（vgl. 264. 一二五頁参照）。そして、この理想の世界が、古代ローマにおいて崩壊する。それが、その後、近代において、〈主体化〉され〈対自化〉された形で、復活する。この崩壊と復活の過程がここでたどられる。それによって、近代（現代）の私たちは、現に「絶対的に自由」なのだということを、あらためて、私たち自身に、ありありと示そうというのである。まさに、この「絶対的な自由」の崩壊と復活の論議が、「精神」章の内容である。その第一節は、「A．真の精神　人倫」と題され、古代ギリシアからローマにかけての時代の変遷が、論述される。

古代ギリシアからローマ

まず、その第一項「a．人倫的世界　人間のおきてと神々のおきて　男と女」において描かれるのは、かの「実体」、すなわち、人々が皆「即自的（自体的）」に——いわば無自覚に——国家（社会）と一体化し、「絶対的に自由に」生きている古代ギリシアの世界である。それによれば、この世界は、全体として「単一の精神」（329）である。だがその内部は、二重化している。その一方は、「開かれた、白日の下にある」（ibid.）一般社会であり、「人間のおきて」（ibid.）のもとで「統治」（ibid.）がなされる「男」（328）の世界である。他方は、「内的な」（330）「閉ざされた」（334）世界であり、「神々のおきて」（330）の支配する「女」（328）の世界、つまり「家族」（330）である。この両世界は、むろん一体ではあるが、内容的に相対立する。というのも、一般社会は、この開かれた社会を生きる「徳」（331, 339）を要求するが、それに対して、家族は、内々の個人的な（プライベートな）生活を楽しもうとするからである。こうした家族の果たすべききわめて重要な義務は、死者の〈埋葬〉である、という。死者は、そのままでは、動物たちについばまれ、単なる物として腐り果てる。このような死者を埋葬し、一個の人間（祖先）として、家族のうちに迎え入れるのである。また、家族のなかで、

「純粋無雑な関係」(336)と言いうるものは、夫婦関係でも親子関係でもなく、兄(弟)と妹(姉)との関係であるという。なぜなら、これは、「安定した血縁」(337)においてて成立する男女の「情欲に無縁な関係」(338)なのだから。「それゆえに、兄弟を失うことは、姉妹にとっては、およそ取り返しのつかないことであり、兄弟に対する姉妹の義務こそが最高の義務なのである」(ibid.)、とヘーゲルは論じる。とにかくも、こうした古代ギリシアにおいて、「絶対的な同一性」(「絶対的な自由」)の世界が現に成立していたというのである。

これに続く第二項「b．人倫的な振る舞い　人間の知と神々の知　罪過と運命」は、このいわば理想的な古代ギリシアの世界の崩壊過程の叙述である。それは、古代の悲劇詩人ソフォクレスの代表作でもある「アンティゴネ」の筋書きに即して行なわれる。ただ、その展開は、すでに見通しうるものとなっている。というのも、前項で提示された諸関係が、本項において、ほぼそのまま再現されることになるのだからである。すなわち、国家に反逆した兄をも埋葬しようとするアンティゴネ(妹)に対して、国家がそれを禁止する——「神々のおきて」・「神々の知」(家族)と「人間のおきて」・「人間の知」(国家)との対立——。だが、兄への義務が、妹にとっての最高の義務でである。それゆえに、アンティゴネは埋葬という義務の遂行を決意するが、果たせず自殺する。これによって、アンティゴネの婚約者である国王の息子も自害し、ここに国家そのものが崩壊するとともに、幸福な古代ギリシアの時代が終焉する。こう話は展開する。ただし、これは、あくまでも一つの〈お話〉つまり「表象」（352）である。この「表象」において重要なのは、国家（「人間のおきて」）が、家族（「神々のおきて」）を基盤としつつも、それを「抑圧する」（353）ということ、つまり、国家と家族が、原理的に対立構造にあるということ、しかもこの対立構造は、ヘーゲルによれば、男と女といった自然的「直接的な」（354）ものに即しているということである。そうしたなかで、「戦争」（353）が引き起こされ、国家は、家族にとって大事な「勇敢な若者」（ibid.）を徴用する。その際、国家も家族も、自らのおきてに固執し、それをを貫徹しようとする限り、互いに「罪過」を犯す――この固執が「罪過」である――。その結果、「見事な結束と静かな安定」（354）を保つ国家と家族が崩壊し、一時代（「絶対的な同一性」・「絶対的な自由」の時代）が終焉する。そこで立ち現われるのは、またもや「運命」（342, 349, 355）である。「恐ろしい運命の永遠なる必然性」（342）が、両者を「その単純性の深淵のうちへと飲み込む」（ibid.）。そうした状況下に、新たな時代が到来するという。すなわち、「勇敢な若者」たち、そして人々一般が、――かつて共有していた「民族精神」(354)が消失するなか――もっぱら個人として活動する、古代ローマの時代である。

この時代が、第三項「c．法状態」のテーマだが、それは、いうならば、およそ絆なるものを失ってしまった諸個人が、ひたすら「財産」(357)を築くことで、満足のいく快適な生活をしようともくろむという、いまの私たちにも通ずる世界であり時代である。しかし、もとより、財産などというものは、およそ「偶然や恣意」(ibid.)にゆだねられるものであり、また、国家なるもの――ここではローマ皇帝――が「偶然や恣意」そのものである。それゆえに人々は総じて、現実から「疎外された」(359)状態に陥る。人々が「絶対的な同一性」つまり「絶対的な自由」を失う、喪失の時代の始まりである。そうしたなか、現実から疎外された人々は、自分自身を現実の「転倒」(ibid.)つまり現実の彼岸に見ようとするのである。

近代――「疎外された精神の世界」――

「精神」章の第二節は、「B．疎外された精神　教養」と題され、時代は、古代ローマから近代へと展開する。この近代という時代は、かの「疎外」のただなかで、つまり、人々（主観）が、現実世界（客観）との「同一性」を失い、この失った「同一性」を「彼岸」に求めるという、徹底した「非同一性」のただなかで、その幕を開ける、という。すなわち、人々は、自らの「労働」（360）の「所産」（ibid.）として、財を築き、国を作るのだが、こうした現実の世界に自分自身を見いだすことはできない――この現実世界に疎外される――。それゆえに、人々は、自分自身と世界とが「相互浸透」（ibid.）し、そこに自分を見いだしうる「純粋な意識もしくは本質」（361）の世界、つまり「彼岸」を「思考する」（ibid.）。近代は、この「彼岸」と「此岸」との「分裂」（ibid.）という「信仰」（ibid.）の構図のもとで始まるというのである。

その第一項は「I．疎外された精神の世界」（362）と題され、その第一の小項目が「a．教養とその現実の国」（363）である。ここでの主題は、「此岸」、つまり、この現実世界（「現実の国」）である。この世界において、人々は、善悪を判断し、自らの「所産」である財貨や国家にさまざまに関わり、そこに自己自身を見いだそうとする。しかし、人々は、結局はこうした一切から疎外される。つまり、「あらゆる現実とあらゆる規定された［限定された］概念は空しい」（389）ということが明らかになるのだ、という。

具体的には、たとえば、国家権力や財貨は、そこに自分を見いだしうる善でもあるが、しかし同時にそうではない悪でもある。また、国家権力や財貨に、自分を見いだし、それを享受する人々（「高貴な意識」（372））は、たしかに存在する。むろん、そうしたものを「足かせ」（ibid.）であり「抑圧するもの」（ibid.）であるとして反発する人々（「下賤な意識」（ibid.））も存在する。そして、たしかに「高貴な意識」は、財貨を享受しつつも、「徳」（373）をもって、「普遍的なもの」（ibid.）である国家権力に奉仕する。しかし、この意識も、必ずや「身勝手な思いや特殊な意志」（375）を隠しもっており、「奉仕」は同時に「へつらい」（378）となる。したがって、それは同時に「下賤な意識」であり、「下賤な意識」と「高貴な意識」との区別はなくなる（375, 380-1, 383）。総じて、一切の区別・限定は、無に帰する。

このように描写される近代世界とは、フランス革命以前のフランス絶対王制下の世界である。この世界においては、「高貴な意識」の「奉仕」と「へつらいの言葉」（378）を通して、「無制限の君主」（ibid.）が生まれる。しかし、この君主も、結局は、「高貴」かつ「下賤」である意識に全面的に支えられているのである限り、単なる「空しい名前」（380）――単に祭り上げられるだけの御神輿《おみこし》――へと転倒する。そうしたなかで、とりわけ財貨とは、「このうえなく奥深い深淵に、底なしの深みに直面し、あらゆる支えも実体も消えてなくなる」(384)ものでしかなく、そこにあるのは「気まぐれの戯れと恣意の偶然」(ibid.)のみである、という。

こうして、「この世界で経験されること」は、国家権力も財貨も、善も悪も、高貴な意識も下賤な意識も、いずれも「真理をもたず」、すべてが「転倒し」、「それ自身の反対」になるということだ、という(385)。「あらゆるものが空しく」、「自らが空しく」、「端的に空しい」(389)。そして、これこそが、「純粋な教養」(385)つまり「教養(Bildung)」そのものだ、という。「教養」とは、こうした世界を「形成し(bilden)」、かつ、その空しい内実(「概念」(386))をとらえ、それを「語らう」(387)ことなのである。ヘーゲルは、このように、「絶対的な同一性」(「絶対的な自由」)の喪失した近代を、生き生きと描いてみせる。そして、こうしたなか、人々のまなざしは、この世界を離れて、「天に向けられる」(389)、という。それは、「現実世界からの逃避」(363)にほかならないが、人々は、この逃避先である「天」つまり「彼岸」(389)に自らを託し、そこに自らの充足(満足)を求めようとするのである。

続く第二の小項目は、「b. 信仰と純粋な洞察」と題され、「彼岸」への逃避つまり信仰が主題化される。ただし、ここで重要なのは、近代において信仰（「彼岸」）とは、知的洞察と不可分であるということ、全面的な知的洞察（「思考」）の対象となるということである。人々は、信仰をも端的に（純粋に）洞察しようとするのである。ヘーゲルによれば、「洞察こそがあらゆる真理であるということを、洞察自体が了解している」（397）。実際、カントは、宗教（信仰）を、「単なる理性の限界内」でとらえようとした（『単なる理性の限界内における宗教』（一七九三年））。近代とは、こうして一切を「理性的に」――ヘーゲルの用語によれば、「悟性的に」――了解しようとする「啓蒙」の時代でもある。そして、実際、この「啓蒙」を通してこそ、失われた「絶対的な同一性」（「絶対的な自由」）が復活する。「実体」が、〈主体化〉するというのである。

近代――「啓蒙」――

「精神」章・第二節（「B」）第二項は、こうして「II. 啓蒙」である。ここでのテーマは「信仰」なのだが、しかし、それと不可分である知的洞察すなわち「啓蒙」が前面に出る。「啓蒙」とは、ここでは、信仰（「彼岸」）に関する「純粋な洞察」が、社会的に「行き渡る」（400）事態である。

その最初の小項目は、「a. 啓蒙の迷信との戦い」である。私たちは、思うようにならない空しい現実世界を逃れて、信仰にすがる。それは、しばしば現世利益的な迷信に近いものともなる。私たちの日常に目を向けるならば、多くの人たちが、平安無事に過ごせますように、病が治癒しますように、事故に遭いませんように、試験に合格しますように、いい人と巡り会えますように等々と祈願し、お札をもらったりする。これに対して、啓蒙が、戦いを挑む。そういうことは単なる迷妄であるとして、その蒙を啓こうとするのである。こうして啓蒙と信仰（迷信）は、相互に「端的に否定的なもの」（ibid.）であり、「相対立するもの」（401）である。しかし、やがて明らかになることは、この相対立する両者が、「本質的には同一のもの」（402）なのだということなのである。なぜなら、ヘーゲルによれば、このいずれもが「意識の純粋な自己」（400）によるものであるから、つまり、ほかならぬこの「私」によって遂行されるものだからである。たとえば、平安無事に過ごせますようにと祈願して、お札をもらう。それは、この「私」である。また、そんなことは無意味だと、啓蒙は否定するのだが、この啓蒙行為をするのも、この「私」にほかならない。「私」は、一方で否定しつつ、他方で、実際、祈願して、御札をもらうのである。頭では否定しても、心を偽ることはできない。「自分自身を直接確信している」（408）という、そういう物事（たとえば目下の祈願）について、それが「欺瞞」（ibid.）であるなどということは、ありえない。啓蒙（「私」）が頑強に否定すればするほど、啓蒙（「私」）自身が、それを肯定しているということ、自らのうちにその気持ち（心）をもっているということが、明らかになる。啓蒙（「私」）は、自らの内容を、実は自らが否定する「信仰のうちに見いだしている」（405）のだという。啓蒙（「私」）は、このことを認めざるをえないのである。

こうして、信仰と啓蒙は、「実際、同一のものとなる」（423）という。それによって、信仰は、啓蒙によって、つまり、知的に（現実的に）承認されることになる。いまや、信仰は、平安無事や病の治癒等々の大いなる「御利益」（416）をもたらす「有用なもののなかでも、もっとも有用なもの」（ibid.）として、確固たる市民権をうるに至る。ただし、信仰には、不満が残るという。なぜなら、啓蒙は、信仰を認めつつも、それを支える諸物のもつ意味を、全面的に否定するからである（408, 420）。たとえば、御札とは、木、紙、布等であるわけだが、こうした物が、宗教的な意味をもつということを、啓蒙は断然否定する。啓蒙にとって、信仰の対象とは、あくまでも、形のない霊（心）そのもの（「真空」（413））なのである。それゆえに、信仰は、啓蒙と手に手をつなぎ、すでに、それ自体啓蒙となってしまってはいるが、しかし、それは「満足していない啓蒙」(423-4)である、というのである。

「II. 啓蒙」の第二の小項目は、「b. 啓蒙の真理」だが、ここにおいて、信仰と啓蒙との同一的な関係が総括される。すなわち、「啓蒙」は、信仰を、つまり、心の求める心の世界を、いまや全面的に認めるわけだが、しかし、心が心だけで存在するということはない、と考える。心は、つねに、物質——身体さらには物質的世界(宇宙)——とともに存在する。心とは、物質に宿る「それ」(ヘーゲルのいう「感性的確信」(426))なのである。これ以上のいかなる規定も、「それ」(心)に付与することはできない。そうであることにおいて、啓蒙は、一方で、「それ」(心)は、物質に宿り、それ自体物質として生き生きと生きる究極の物質、つまり「純粋物質」(ibid.)である、と考える。しかし、他方で、啓蒙は、信仰に寄り添い、心とは、やはり、物質とは根本的に異なるものであり、心の世界とは、「精神もしくは神」(ibid.)の世界である、と考える。だが、事ここに至って明らかになることは、この両者のちがいは、「事柄のうちにあるのではなく、純粋にただ、考えを形成する際の起点のちがいにあるにすぎない」(ibid.)ということである、という。つまり、一方は〈物質〉を中心に考え、他方は〈心〉を中心に考えるが、〈心〉を中心に考える限りでの〈心〉なるものも、（少なくとも「啓蒙」の了解によれば）物質を離れて存在することはできない。そこで考えられているものは結局同じ――物質とともにある、生き生きと生きる生命――だ、というのである。こうしていまや、心（＝精神もしくは神）と「純粋物質」とが、一つになる。信仰と啓蒙とは「統一され」（431）、「彼岸」と「此岸」という「二つの世界は和解する」（ibid.）。「天は地に降って、地に移植される」（ibid.）というのである。

これによって、人々と現実世界との「同一性」が失われ、この失われた「同一性」が「彼岸」に求められるという、「非同一性」のただなかで幕を開けた近代が――「彼岸」つまり神の国が「此岸」つまり人々の現実世界へと降り、一体化するという形で――「同一性」の世界へと復帰することになる。人々は、自分自身を見いだしうる世界を、「彼岸」に求めたのだが、その「彼岸」とは、実は「此岸」、つまり、この現実世界以外の何ものでもないのだということを、知るに至る。「私」が生きるということは、否でも応でも、この現実世界（空しい教養の世界）を生きるということなのだと、いまや納得せざるをえない。私たちは、好むと好まざるとにかかわらず、この世界との「絶対的な同一性」を生きざるをえず、この世で「絶対的な自由」を貫徹せざるをえないのである。こうして、あらためて「絶対的な自由」の世界が開かれる。しかし、まずはそれは、恐怖に満ちた陰惨な世界なのであった。

「絶対的な自由と恐怖」

「精神」章・第二節（「B」）第三項は、「Ⅲ．絶対的な自由と恐怖」である。ここで描かれるのは、フランス革命直後の混乱したフランス社会である。ここで支配した通念は、「絶対的な自由」、つまり、自分自らの確固たる生き方が、そのまま、人間（精神）世界全体のあり方であり、その逆でもあるという、「絶対的な同一性」である。ヘーゲルの表現によれば、こうである。

精神は、自己意識であり、自己を、こう把握している。すなわち、自らのもつ自分自身の確信は、実在的な世界［此岸］ならびに超感性的な世界［彼岸］におけるあらゆる精神的な集団の本質である、と。……この意識にとって、世界は、端的に自らの意志であり、自らの意志は、普遍的な意志である。（432）

いまや、人々が、一人一人、こうした「自己意識」となり、自らの確信が、世界全体つまり国家のあり方そのものであり、その逆でもある、と考える。自分の行動が、そのまま「国家の行動」(434)だ、というのである。しかし、そうだとすれば、ここに生じるのは、国家をめぐる権力闘争以外の何ものでもない。「この自由に残されたものは、否定的な行為のみである。それは、ただ抹消という狂暴である。」(435-6)単に「嫌疑がかかる」(437)というだけで、「キャベツをざっくり断ち割る」(436)ような「無味乾燥な」(ibid.)「死」(ibid.)が執行される。こうした「恐怖」のもとでは、当面、「肯定的な成果や行為」(435)はまったくなされえない。しかし、この「死の恐怖」(438)が、人々を全面的に支配する「絶対的な主人」(ibid.)となるに及んで、目下の「絶対的な自由」の世界は、「生き返り、若返って」(ibid.)、その本来の自由の世界へと立ち返る、という。先に、「生死を賭けた闘争」において、「死の恐怖、絶対的な主人の恐怖」にさらされた「下僕」のもとで、「絶対的な自由」が立ち現われたように(二一一頁参照)、そのように、いまや本来の「絶対的な自由」が、そして、その自由の世界が、ローマ時代以来の、その喪失の時代を経て、再び立ち現われるというのである。その世界とはドイツであり、その「絶対的な自由」とは、まずは、カントの道徳論における自由なのである。

カントの道徳論と、その批判

ここで、「精神」章（「第六章」）は、第三節（「C. 自己確信的精神　道徳」）へと展開する。すでに、カントの道徳論・自由論に関しては、ヘーゲルのそれへの批判的論議に言及した（三一 - 二頁、一七三 - 五頁参照）が、ヘーゲルは、ここでは、カントの論議を採り上げ、まずは、肯定的に評価するのである。すなわち、カントは、先に述べたように、道徳そして自由を、私たちが日常生活を営む「感性界」とは区別された「知性界」に帰属するものとした。ヘーゲルは、この点を、ここで、まずは肯定的に評価する。というのも、この「知性界」において私たちは、この世界と完全に一体であり、「絶対的な同一性」を、したがって「絶対的な自由」を実現しているからである。たとえば、〈うそをつかないこと〉（〈正直であること〉）は、カントの言う「完全義務」（Ak.4.421）だが、この義務（道徳）を遂行することは、完璧な自己（主観）の実現であると同時に、「知性界」という世界（客観）そのものを生きることなのである。こうして、「絶対的な自由（「絶対的な同一性」）」は、この非現実性（「知性界」）において、真なるものであると認められる」

(441)、というのである。

しかし、この「絶対的な自由」が、「真なるもの」であるのは、あくまでも「非現実的なもの〔知性界〕」においてのみである。つまりそれは、私たちが実際に生活する世界(「感性界」)を「まったく無意味な現実」(443)であるとして切り捨て、ただ頭のなかでだけ思い描く自由であるにすぎない。ヘーゲルによれば、すでに見たように、「絶対的な自由」とは、そうではなく、私たちが生きる現実(「感性界」)をも全面的に取り込んだものでなければならない。そして、そのことは、カントも、十分に了解していたのだ、という。

実際カントは、道徳に、現実世界での幸福をも盛り込んで、この両者の一体化——「道徳と自然との調和」(445)・「道徳と幸福との調和」(449)——を「最高善」(Ak.5.4など; 3.456)と規定し、その実現のために、魂の不死と神の存在を「要請」したのであった。ヘーゲルは、第三節第一項「a. 道徳的世界観」において、この点を指摘する。そして、第二項「b. すりかえ」において、この点を批判する。すなわち、「最高善」が実現した世界とは、正直者がバカを見ることなく、幸福になれる世界であるわけだが、そこにおいては、「道徳的な行為は、およそまったく存在しないことになる」

(456)。なぜなら、道徳的であること、正直であることが、そのまま現世の幸福を享受できるということなのだから。人々は皆、幸福を享受するために、安んじて、正直者となる。つまり、道徳的な行為などというものは「余計なもの」(ibid.)となってしまう、という。結局、「最高善」などというものを考えるということは、人間にとって、幸福なるものがいかに重要かということを、問わず語りに語っている。道徳こそが最高の価値だなどと言っても、たちまち「すりかえ」られて、最高に価値あるものは、実は幸福なのである。一般に、大切なのは決して、道徳ではない。少なくとも、道徳のみではない。それと同等に、あるいは、それ以上に、現世の幸福こそが大事なのである。皆が、そう考える。そして、実は、カントもまた、例外ではなかったのだ、というわけである。

「良心」

真の「絶対的な自由」とは、決して単に「知性界」のものではない。そうではなく、実は、カント自身もそう考えていたように、「知性界」と「感性界」との、道徳と幸福との統一のうちにある。しかも、それは、「最高善」の世界といった無限遠方の「彼岸」にではなく、現に私たちが生活している〈いま、ここ〉の世界にある、とヘーゲルは考える。こうした「絶対的な自由」が、第三節「C」の第三項「c．良心　美しい魂　悪とその赦し」で、あらためて具体化される。その際の重要概念は、「良心」である。

良心の痛みと言えば、悪事を行なった際に、通常誰もが抱く道徳的な心の動きであり、その重要な役割に関しては、誰もが認めよう。だが、他方それは、融通無碍なものでもある。というのも、私たちは、同じく悪事を行った際にも、しばしば、良心に照らして恥じるところはないと言って、自らを正当化するからである。良心に護られて、私たちは、およそ後ろ指を指されることなく、何事をもできる。安んじて、ひたすら利己的に自らの幸福を求めることもできるのである。ヘーゲルの言う「良心」とは、こうした身勝手とも言える、無限定な心の働きである。すなわち、その内容は「自己自身の直接的な確信」(473)であり、「総じて個人の恣意」(ibid.)なのである。では、このような各人の身勝手な自己確信を、とりわけ「良心」として、ここに掲げる意味は何なのか。それは、各人の行為には、実に、その全人格がかけられるのだということを、述べるためである。先に見たように、イェーナ中期の闘争論においては、生死を賭けた（全人格を賭けた）闘争を支えるものは、「名誉」であった。各人が、自らの「名誉」を賭けて、全人格的な全面闘争——正義の闘争——を遂行するのであった（九九頁以下参照）。同様の全面闘争が、いま、「良心」の支えのもとで、行なわれようとしているのである。「良心」とは「絶対的な自己」（467）であり、「具体的な正義を知り、それを行なう」（ibid.）のである。それは、自らを「神の声」（481）とも了解する。

しかし、自らが、こうした「絶対的な自己意識」（483）になると、不可避的に、現実の自己——挫折せざるをえない自己——を思い知ることになり、「それ自身のうちで崩壊する」（ibid.）に至る。ここに人々は、「不幸ないわゆる美しい魂」（484）となり、「それ自身のうちで次第に光を失い、空中に霧散する形のない霞のように消滅する」（ibid.）、という。この叙述には、ドイツロマン派の文人ノヴァーリス（一七七二−一八〇一）の境遇が投影されていると言われるが、それはまた、かのイェーナ闘争論における「無」および「死」の論議の再現でもある。「絶対的な自己意識」は「死という無を招来する」のである（一〇四−六頁参照）。

いまや、「死という無」のうちにあるこの意識は、自己自身への固執を廃棄し、自らを全面的に世界へと開いて行為する。つまり、それは、「空虚な霞となって消滅するが、しかし、自らを積極的に外化し、前進する」（580）のである。だが、『精神現象学』の目下の叙述においては、この意識は、さらになお、衝突を引き起こす。というのも、実際に「行為する意識」（488）としては、それは、一個の「特殊な個別」（485）なのだから、という。すなわち、いま、この一個の「特殊な個別」である意識が、自己を世界（「普遍的なもの」（ibid.））に全面的に開いている――「普遍的なもの」が「自らの定在の場」（486）である――。それゆえにこそ、それは、この世界と衝突することになる、という。その際、目下の論述において、この衝突の相手、つまり、「普遍的なもの」として登場するのが、「評価する意識」（488）である。この意識が、「行為する意識」を、こう非難するのである。自らを全面的に世界に開き、世界のために行為を、つまり、善行を行なっていると言うが、しかし、それも、結局は、「利己的な動機」（ibid.）によっており、「偽善」（486）であり、「悪」（487）であろう、と。だが、「行為する意識」は、「美しい魂」であることにおいて、自分がそういうものであることを、すでに知っているのである。それゆえに、それは、こう「告白」（489-90）する。たしかに、自分は全面的に世界に開いてはいるが、同時に、「利己的な動機」をももっている。

その限り、たしかに自らの行為は、「偽善」でもあり「悪」でもある、と。それを受けて、「評価する意識」もやがて軟化し、「行為する意識」に「赦し」を与える。というのも、「評価する意識」とは、「普遍的なもの〔世界そのもの〕の意識」（487）であるわけだが、しかし、結局それは、単に判断するだけ、つまり、「行為する意識」を、「偽善」であり「悪」であると批判し、その批判にこだわるだけの意識なのだからである。そうである限り、それもまた、単に、批判をするだけの、悪しき「偽善」の意識なのである。「評価する意識」も、この点を自覚し、自らを、「行為する意識」と「同等視する」（492）に至る。ここにおいては、もはや「善」も「悪」もない。すべてが、「善」であると同時に「悪」でもある。こうして、「評価する意識」（世界）の「赦し」が下され、両意識の「和解」（493）が成立する。

これによって、実際に行為する意識は、総じて「絶対的な自由」を手にする。というのも、いまやそれは、世界（社会）に全面的に受け入れられており、自らの行為は、そのまま社会のための行為であり、その逆でもあるという、主観（自分自身）と客観（社会）との「絶対的な同一性」を達成しているからである。そうであることにおいて、いま確認しておくべきことは、目下のヘーゲルの良心論が、カントの所論をも引き継ぐ道徳論だ、ということである。すなわち、ヘーゲルの言う「良心」とは、欲求・欲望に基づく、利己的な幸福追求なども容認する融通無碍なものなのだが、しかし、それは、「美しい魂」として、そういう自分自身を、社会に対して、正直に告白するという、誠実な道徳意識なのである。それは、正直な告白である限り、自らの反道徳的な行為に対する良心の自己反省でもあり、カントの説く道徳を、自らのうちに全面的に取り込んでいるのである。ただし、繰り返しになるが、この「良心」は、カントの説くような、純粋道徳意識として「知性界」に閉じこもるものではない。そうではなく、それは、欲求・欲望という「感性界」の動因をもそっくり取り込んで、なおかつ現前する誠実な道徳意識——社会に対して自らを正直に全面告白する意識——なのである。この「良心」において、私たちは、思い切り自らの幸福を追求しつつ、同時に道徳的でもありうる。すなわち、私たちは、自らの徹底した利己的振る舞いをも含めて、全面的に自己告白するのである。それは、自己自身を全面的に世界に開くということ、つまり、〈いま・ここ〉の実社会に偽りなき自己を曝し自ら実社会そのものを生きるという、「絶対的な自由」の実現である。私たちは、この「絶対的な自由」であることにおいて、徹底して自らの幸福を追求しつつ、道徳的（誠実）なのである。こうして、

「絶対的な自由」が、「感性界」と「知性界」との一体化において成立する。近代という時代は、分裂の時代として、その幕を開けたが、その分裂が、いまや、カントに端を発するドイツの精神世界において、解消する、というのである。

宗教

『精神現象学』は次に、第七章「宗教」――「(CC)宗教」・「Ⅶ．宗教」――へと展開する。ここにおいては、「絶対的な自由」、つまり、「感性界」(此岸)と「知性界」(彼岸)との一体化という事態が、宗教という「表象」(イメージ)の領域で、具象的に描き出されることになる。

まずは、宗教とは何か、神とは何かが、端的に語られる。それによれば、神とは、「意識の対象」(497)である、という。「意識」とは、繰り返し言及したように、〈対象意識〉であり、すべてを、「対象」、つまり、自分とは異なる〈他〉ととらえる。神とは、こうした「対象」であり、したがって、「存在という形態もしくは形式」(ibid.)をとる、という。しかし、この「意識」――要するに、私たち――とはまた「自己意識」でもある(497)。「自己意識」とは、これも繰り返し言及したように、対象を自己自身ととらえる意識である。それゆえに、いま、意識（私たち）の対象は、意識自身（私たち自身）ともとらえられている。すなわち、神とは、意識（私たち）にとって、他であり対象であるが、しかし同時に、私たち自身でもある、というのである。

神が、私たち自身であるというのは、奇妙でもあろう。しかし、我が身を振り返るならば、まさにそのとおりであるということが、たちまち明らかになろう。すなわち、私たちは、神に相対するとき、何をするのか。それは、告白であろう。何か悪事を犯したとき、すみませんでした、あるいは、仕方なかったのですと、告白する。また、平安無事に過ごせますようにと祈る。これも、ずっと平安無事に過ごしたいという、切なる思いの告白だろう。つまり、神に相対するとき、私たちは、誠実に自己告白する良心なのである。そして、神とは、この誠実な良心の告白の場なのである。その場は、この私たちの告白に満たされており、それ以上でも以下でもない。悪事の告白に対して、神は、怒るかもしれないが、その怒りも、告白する良心（私）の自己反省であり、告白の一面であろう。また、祈りは叶えてもらえるかもしれないし、もらえないかもしれない。しかし、この不安もまた、祈りという告白が自ずと抱え込んでいる不安だろう。このようにして、神とは、良心の告白そのもの、つまり、告白する私たち自身なのである。だからこそ、神という存在は、「〔私たち〕自身にとって完全に透明」(497)なのである。

こうして、私たちと神との関係は二重である。すなわち、一方で、私たちは、神を自らとは異なる対象としてとらえ、あがめる。つまり、神とは彼岸の存在であり、それに対して、私たちは、此岸で、「現実世界における生活」(497)を営むのである。しかし、他方、私たちは、その彼岸の神と一体なのである。自らの良心において、誠実に告白する私たちは、「精神〔神〕のうちに包み込まれている」(ibid.)。こうした神と私たちとの二重の関係性が、宗教の基本的なあり方を決める。すなわち、宗教とは、私たちと一体である彼岸の神と、神から分離した此岸の生活を営む私たちとの関係性なのである。そして、この彼岸の世界が「知性界」、つまり、良心(神・道徳)の世界であり、此岸の世界が「感性界」、つまり、私たちの欲求・欲望の世界である。宗教とは、この両世界の関係性にほかならないのである。そして、ここ「宗教」章で語られることは、最終的に、ドイツ(ゲルマン)世界における「啓示の宗教」(キリスト教)のもとでの、彼岸と此岸との一体化である。この一体化の論議が、いま、宗教論として展開されるのである。

この「宗教」章は、第一節「A. 自然宗教」、第二節「B. 芸術宗教」と展開し、ゾロアスター教、ユダヤ教、バラモン教、エジプトの宗教（以上「A」）、そして、ギリシアの宗教（「B」）が順次採り上げられ詳論される。しかし、ここでは第三節「C. 啓示の宗教」へと跳んで、ヘーゲルの言う宗教の最終形態を見ることにしよう。

「啓示の宗教」

「啓示の宗教」とは、ほかならぬキリスト教のことだが、その眼目は何なのか。それについて、ドイツ（ゲルマン）世界におけるこの宗教を語るいま、とりわけ、こう言われる。それは、神の受肉、つまり、神が「人間になること」（552）である、と。それが、この宗教の「端的な内容」（ibid.）である、という。だが、神が人間になるとは、どういうことなのか。いったいなぜ、神が人間になるのか。なぜなら、神とは、私たち自身なのだからである。神とは、私たち自身の投影なのであり、私たちは、神に、私たち自身、つまり、人間を見るのである。すると、ここに「方向の逆転（Umkehrung）」（545）――〈私たちから神へ〉から〈神から私たちへ〉への逆転――が起こり、神が一個独立の人間、つまり、一個の「自己意識」（551-2）、「自己」（545-6）となって、私たちに相対することになる、という。

絶対的な精神［神］が、自らに……自己意識の形態を与えた［神に自己意識の形態が与えられた］ということは、いまや、次のようなこととして現われる。それは、この精神が、自己意識として、すなわち、現実の人間として、そこにいるのだと世の人々が信じるということであり、また……この信じる意識が、この神性を目で見て、肌で感じ、［その言葉に］耳を傾けるということである。（551）

こうして、神が、その子イエスとして、私たちの前に立ち現われる。しかし、神の子イエスは、人間であるがゆえに死ぬ。実際、「自らによってつかまれた死」（571）を受け入れ、死ぬ。ただし、その死は、単に肉体的な死、つまり、「自然的な側面の死」（ibid.）にとどまるものではなく、さらに、「神的実在の抽象が死ぬ」（ibid.）ということなのだ、という。すなわち、神が、私たちの目の前に一対象として、一人の人間として存在するということは、「抽象」なのである。なぜなら、神とは、私たち自身なのだから。神と私たちは一体なのだから。イエスの死によって、その「抽象」が消え、この真実が現実のものとなる、という。いまや、イエス、つまり、神が、「［私たちの］精神のうちで起き上がり［復活し］」（555-6）、「単に思考されただけの純粋なもしくは非現実的な精神［彼岸の神］が、現実的［此岸の私たち自身］になった」（571）というのである。いうまでもなく、神、その子イエス、聖霊の三位一体の論議だが、それが、ここにおいて、このように説かれるのである。

　こうして、いま、彼岸（「知性界」）と此岸（「感性界」）――天上の神と地上の私たち――の一体化が、人間イエスの登場と死を通して、きわめて具象的に描き出される。それによって、「絶対的な同一性」・「絶対的な自由」が、とりわけキリスト教団・教徒にとって、身をもってありありと了解される、ということになろう。これによって、先の「不幸な意識」（一五六頁以下）において論じられた天と地との分離が、最終的に解消され、克服されると言ってもいいだろう。この解消・克服は、たしかに、「理性」章において果たされるという論議の流れになってはいるが、実際には、そこでは、天上界と地上界との一体化の論議は、ほとんどなされてはいなかった、と言うことができよう。したがって、天上界をも含めた、総体としての「絶対的な同一性」は、ここ、ドイツ（ゲルマン）世界のキリスト教において獲得されたと言うことができよう。ただし、宗教とは、あくまでも「表象」（イメージ）の世界である。宗教において、したがって、「表象」において語られたことは、「概念」化されなければならない。ここ「宗教」章でも繰り返し述べられるように、問題は、「表象」ではなく、「概念」なのである。それゆえに、『精神現象学』は、最終章「絶対知」へと展開する。

「絶対知」

最終章「絶対知」（「（DD）絶対知」・「Ⅷ．絶対知」）で行なわれることは、これまでにとらえた「真なるもの」、つまり、「絶対的な同一性」・「絶対的な自由」から、「表象というこの単なる形式を廃棄すること」（575）であり、それを「概念として把握する知」（582）とすることとである。では、それは、具体的に、どう果たされるのか。だが、ここでなされることは、そのほとんどが、『精神現象学』のこれまでの論述の要約的な再現である。すなわち、「絶対的な同一性」・「絶対的な自由」は、これまでの論述を通して、十分に一般の私たちに対して、〈対自化〉され〈主体化〉されている、というのである。そうしたなかで、新たに論じられるのは、第六章第三節第三項の「良心」論と、第七章第三節の「啓示の宗教」論との統合である。すなわち、このいずれにおいても、「知性界」（神・道徳の世界）と「感性界」（欲求・欲望の世界）との一体化は、果たされている。しかし、「良心」論においては、それは、「自己意識」・「対自」（579）という観点、つまり、行為する私たち自身という観点からなされている。それに対して、「啓示の宗教」論においては、私たちにとっての〈対象〉である神が死ぬという、「自体」（ibid.）つまり意識の観点からなされている。この「意識」（「啓示の宗教」）と「自己意識」（「良心」）とにおける二つの一体化の形態は、「ならして一つにし」（583）なければならない。それによって、この一体化は「即自（自体）かつ対自的」（ibid.）となり、「完成」（ibid.）する。これが、まさに「概念として把握する知」の完成であり、「絶対知」（582）である、というのである。

こう論議が展開するのだが、その具体的な内容に詳しく立ち入る必要はもはやないだろう。というのも、この二つの形態を「ならして一つにする」論議は、すでに見通しえているからである。すなわち、「良心」とは、誠実に自分自身を語り出す（「告白する」）私たち自身であった。そして、この「告白」する私たちが相対するのは、「普遍的なもの」（世界そのもの）としての「評価する意識」――「告白」を吟味する道徳的意識――であったが、この意識も、結局は、「良心」の「告白」を受容するだけのものであった。つまりそれも、全面的に、私たち自身なのである。また、神とは、「良心」の語り（「告白」）の場であり、したがって、その内実は、この「告白」にほかならず、したがって、それもまた、私たち自身なのであった。そうであるとすれば、天上の神が、その死において、地上の私たちと一体化するという「自体的な」あり方と、「良心」の「告白」において、私たちが「美しい魂」となって死に、世界そのもの（「評価する意識」）と一体化する（和解する）という「対自的な」あり方とは、一つの事柄――二重化した私たち自身の一体化――なのである。ただ、一方は、神という「普遍的なもの」から地上の私たちという「特殊な個別」へ（上から下へ）と向かうのに対して、他方は、逆に「特殊な個別」から「普遍的なもの」へ（下から上へ）と向かうという、逆の方向性がとられる。つまり、これが、一方が「即自（自体）」で、他方が「対自」であるということの意味であり、いまや、「知性界」（神・道徳の世界）と「感性界」（欲求・欲望の世界）との一体化が「即自（自体）かつ対自的」に果されているのである。

こうして「絶対知」――「絶対的な自由」・「絶対的な同一性」の「即自（自体）かつ対自的な」「概念」――が成立し、「分裂」の時代としての近代が終焉することになる。これによって、これまで単に「即自的（自体的）」つまり「実体的」にのみ成立していた「絶対的な同一性」・「絶対的な自由」が、全面的に現実化し、〈主体化〉し、〈対自化〉することになる。換言すれば、「自己意識」のあり方が、完全に達成されたことになる（かの「円環」をなす「実体」＝「主体」の自己運動の完結（一二九頁、一三九頁、一七五頁参照））。あらためて「緒論」に立ち返るならば、ここに至る論述のプロセスは、まさしく「絶望の道程」であった、と言うことができるだろう。その「絶望」の極みが、「美しい魂」における「良心」の「告白」であった。「神」とは、この「告白」の場であり、「絶対知」とは、この「告白」の概念化であったのである。こうしたプロセスをたどり終えたいま、現代の私たちは、自然、社会、神との「絶対的な同一性」を我がものとし、「絶対的に自由に」生きることができる、という。ヘーゲルの表現によれば、いまや、存在そのものが「自由な存在」（588）なのである。これは、『論理学』を予告する表現だが、いまや、存在それ自体が自由だ、というのである。

ここに『精神現象学』は、「自然哲学」そして「歴史哲学」をも予告しつつ、「絶対的な自由」論としてのその全展開を終了する。

◉第八章

必然性と自由

『論理学』より

「絶対的な自由」をめぐるヘーゲルの議論を追って、ここに『精神現象学』をたどり終えた。それを踏まえて、いまや、私たちが日々自由に生きるという見果てぬ夢の話に立ち返るべきでもあろう。はたして、ヘーゲルの論議は、この私たちの夢を、本当にかなえうるものなのか、と。しかし、その前に、「ヘーゲルを読む」という観点から、二つの論議を差し挟んでおきたい。その一つが、ニュルンベルク期に公刊された――『精神現象学』とならぶ――ヘーゲルのもう一つの主著『論理学』における自由論である。それは、先に予告したわけだが（五三頁参照）、『論理学』の前半部（「客観的論理学」）の第二部（「本質論」）における最終章（「第三章　現実性」）に展開される。これを、その第二節「現実性」に立ち入りつつ、たどっておこう。それは、主題的には、様相、つまり、現実性、可能性、偶然性、および、必然性をめぐる論議である（「現実性」等に関しては、単に「現実」あるいは「現実(性)」とも表記する)。

形式的な観点から

まずは、様相を、「形式的な」観点から考察する。この観点からの「現実(性)」とは何かというと、それは、現に生じ、動かしがたいものとして存在する、あるいは、存在した、と考えられる一切である。これまでの『精神現象学』の論議とは、がらっと異なった雰囲気の例示となるが、かぜを引いた、熱がある、追突事故があった、負傷者が出た、火災があった、焼け跡がある、あるいは、今日は晴れである、曇りである等々、こうしたすべてが「形式的な現実(性)」である。それは、素朴な意味での「現実」――「直接的で反省されざる現実」(6.202)――である。また、この観点からの「可能性」とは、何かというと、それは、単なる「可能性」ということならば、何でも可能だ、と言われる場合の「可能性」である。すなわち、追突事故や火災は起こるかもしれないし、起こらないかもしれない。起こった場合、その場の私は、まったく無事かもしれないし、大けがや大やけどをするかもしれないし、ことによると死んでしまうかもしれない。さらには、何でも可能であるのならば、私はスーパーマンになって、けがもやけどもせず、死にもしないかもしれない。また、スーパーマンではなくとも、私は億万長者になるかもしれない。あるいは、太陽は明日西から昇るかもしれない。ひょっとすると全然昇らないかもしれない。明日はまた、雨が降るかもしれないし、雪が降るかもしれないし、ことによると槍が降るかもしれないし、血の雨が降るかもしれない等々。「形式的な可能性」とは、こうした荒唐無稽なことなどをも含めた、思いつきうる一切の物事——「自己矛盾しないあらゆること」(ibid.)、「無際限の多様性」(ibid.)——である。そして、ここに「偶然(性)」が成立する。というのも、現に生じる一切(「形式的な現実(性)」)は、ことごとく「偶然的」なものだからである。たとえば、火災が起こったとする。それは「現実(性)」である。だが、その「現実(性)」はつねに同時に「可能性」でもある。なぜなら、目下の形式的な観点からすれば、何でも可能なのであり、したがって、起こらないことも可能であったのだから。そうであるならば、そこにおいては、起こることも起こらないことも「可能」であったことが、「現実に」起こった。それは、つまり、「偶然」起こったということなのである(「偶然的なもの」とは「同時に単に「一つの」可能的なものと規定された現実的なもの」(6.205)である)。その他一切の「現実(性)」が同様であり、それゆえに、形式的な観点によれば、この世界の一切は「偶然（性）」の出来事なのである。

だが、さらに、ヘーゲル特有の議論が続く。それによれば、こうして一切は「偶然（性）」なのだが、しかし、実は同時に、その一切が「必然（性）」なのだ、というのである。なぜなら、「必然（性）」も、実は「偶然（性）」とまったく同様に、一つの可能的なものである現実――「可能性」と「現実性」という「両規定の同一性」（6.206）――なのだから、という。この世界の出来事は、すべて「偶然」であり、また同時に「必然」なのである。この論議が、ヘーゲルの様相論の眼目であるのだが、しかし、それは、いまは単に「形式的に」提示されるのみで、その内実が展開されることはない。その展開は、次の「実在的な観点」においてなされるのである。

実在的な観点から

では、「実在的な」観点からの「現実（性）」（「実在的な現実（性）」）とは、何か。それは、同観点からの「可能性」（「実在的な可能性」）とともに、とらえられる。すなわち、「実在的な現実（性）」とは、他の「現実（性）」を引き起こしうる「可能性」としての「現実（性）」なのである。

それゆえに、ある事柄の可能性をなす、この現実性〔実在的な現実性〕は、自己自身の可能性なのではなく、別の現実的なものの自体存在〔可能性（実在的な可能性）〕なのである。（6. 209）

たとえば、〈運転中に携帯電話を使う〉という「現実（性）」は、他の「現実（性）」たとえば〈追突事故〉を引き起こしうる「可能性」である。したがって、それは、「実在的な現実（性）」（〈携帯電話を使用すること〉）であると同時に「実在的な可能性」（〈追突事故を起こしうること〉）である。これが、形式的な両者と異なるのは、形式的である場合、「現実（性）」と「可能性」の内容が同一なのである。すなわち、〈携帯電話を使用する〉という「現実（性）」に対しては、その「可能性」もまた、〈携帯を使用しうる〉ことであり、その内容は、いずれも同一の〈携帯電話の使用〉である。それに対して、実在的である場合には、両者の内容が異なる。すなわち、〈携帯電話を使用する〉という「現実（性）」に対して、その「可能性」とは、今度は〈携帯電話の使用〉ではなく、〈追突事故〉なのである。

ところで、この実在的な観点においても、やはり、すべてが「偶然（性）」である。すなわち、いま運転中に携帯電話を使った。この「現実（性）」は、追突事故の可能性である。いまや追突事故が起こりうる。しかし、起こらないことも十分にありうる。そうしたなかで事故が起こったとすれば、それは、たまたまである。起こらなかったとしても、それはそれでたまたまである。いずれにしても、起こりうる一方が起こったのだから、偶然事である。それ以外のすべてが同様である。たとえば、〈追突事故が起こった〉という「現実（性）」は、〈運転者の負傷〉の「実在的な可能性」である。しかし、それが「可能性」であるということは、〈負傷しない〉可能性でもあるということである。そうしたなかでの〈負傷あり〉・〈負傷なし〉は、いずれにしても偶然事である。この世界で起こる一切は一つの「可能性」であることによって、ことごとく偶然事なのである。

だが、この偶然事は、また、ことごとく必然事なのである。すなわち、運転中に携帯電話をかけて追突事故を起こした。とすれば、そこには、必ず必然性がある。携帯電話に気を取られていたら、すでに、急ハンドルを切っても、急ブレーキをかけても、避けられないほどに、前の車に接近していた。それで、追突事故が起こった。これは必然なのである。また、運転中に携帯電話をかけていても追突事故は起こらなかった。とすれば、携帯電話中に、前の車に接近するという事態は起こらなかった。それゆえに事故は起こらなかった。これも必然である。こうして、事故は、起こることも起こらないこともありうる偶然事なのだが、いずれが起こったとしても、それはまた必然なのである。事故後の負傷についても、まったく同様で、この世界に起こる一切は、偶然なのだが、しかし同時に、必然（「実在的な必然性」）なのである。

このようにして、形式的な観点において、いわば予告されたヘーゲル様相論の眼目、すなわち、「偶然（性）」と「必然（性）」との一体性が、実在的な観点において、展開され、裏づけられる。そして、この裏づけは、さらに次のように展開される。

「偶然性」と「必然性」の一体性

あらためて「実在的な必然性」に着目するならば、追突事故が起こる必然性とは、こうであった。すなわち、携帯電話に気を取られていて、すでに、急ハンドルを切っても、急ブレーキをかけても、避けられないほどに、前の車に接近していた。その結果、必然的に、追突事故が起こった、と。また、これが起こらなかった必然性とは、携帯電話中、前の車に接近するという事態は生じなかった。その結果、必然的に、追突事故は起こらなかった、と。だが、ここで、容易に気がつくことは、もし、このような「必然性」が成立しているのであれば、そこに「偶然性」の入る余地はないのではないか、ということだろう。たしかに、運転中の携帯電話ということだけを採り上げれば、追突事故は起こることも起こらないこともありうる。それは偶然事だと言える。しかし、それを、同時に必然事だとは言えない。もしそれを必然事だと言い、必然的な状況を導入するのであれば、今度は、それは必然事にはなるが、偶然事にはなりえないということになろう。そうであるならば、「偶然性」と「必然性」が一体化することは、やはりないことになろう。

だが、むろん、そうではないということが重要なのである。というのも、必然的に追突事故を引き起こす、あるいは、引き起こさない事前の状況とは、全体として、やはり、一つの「可能性」(「実在的な可能性」)なのだからである。すなわち、かの必然的な状況のゆえに、次の瞬間、追突事故が必然的に起こったというわけだが、しかし、それでもなお、その事故は起こらなかったかもしれないのである。なぜなら、この事故が起こる直前に、追突しそうであった前の車が、突然急加速して走り去ったかもしれないからである。また、かの必然的な状況のゆえに、追突事故は必然的に起こらなかったというわけだが、しかし、それでもなお、追突事故は起こったかもしれないのである。すなわち、次の瞬間、突然直前に車が割り込み、急ブレーキをかけたかもしれないのである。そうであるならば、必然的に起こった、あるいは、起こらなかった事故は、やはり、いずれも、起こることも起こらないことも可能であったのであり、やはりそれも、偶然起こったのである。「必然性」と「偶然性」とは、やはり一体なのである。

では、このことは、何を意味しているのだろうか。それは、まずは、この世界で起こること（起こらないことも含む）は、すべて、あらかじめ成立している何らかの状況によって、必然的に引き起こされるということは、およそない、ということである。起こることは何であれ、それ自体端的に起こるのである。そして、そのことが起こった結果、はじめて、それを必然的に引き起こす状況が確定されることになる。それが、確定された「実在的な可能性」であり、これが確定された結果、それによって、当の起こったことは必然的に引き起こされた、ということになるのである。ヘーゲルによれば、こうである。

これこれの諸条件や諸状況のもとでは、別のことは生じえない。それゆえに、実在的な可能性と必然性とは、単に見かけ上異なるだけである。（6.211）

すなわち、一定の諸条件や諸状況（「実在的な可能性」）が整えば、たとえば追突事故は、必然的に起こる（「実在的な必然性」）。したがって、この「実在的な可能性」と「実在的な必然性」とは、同一のものなのである。だが、この諸条件や諸状況は、どのように整うのか、つまり、その「実在的な可能性」は、どのようにして確定されるのか。それは、実際に当の追突事故が起こることによってなのだ、という。

実在的な可能性は、単に可能性として、つまり、現実性の、その反対［可能性］への直接的な転倒として、すなわち、偶然性として、規定される。（6.212）

目下の「実在的な可能性」とは、「現実性」つまり現に起こったこと（追突事故）が、「可能性」へとそのまま反転したものだ、という。つまり、追突事故が現に起こることによって、「実在的可能性」は、この事故の反転として、規定される（確定される）。すなわち、まず、追突事故が端的に起こる。起こらないこともありえたが、とにかくもたまたま（偶然）起こった。それによって、「実在的な可能性」が確定する。それは、追突事故を必然的に引き起こす、かの「諸条件や諸状況」にほかならない。こうして、この「諸条件や諸状況」（「実在的な可能性」）が確定したのは、「偶然」生じた追突事故による。したがって、「実在的可能性」は偶然確定された、つまり、「偶然性」なのである。実に、この「偶然性」によって、追突事故は、必然的に引き起こされた。必然的な追突事故が偶然起こったのであり、偶然的な追突事故が必然的に起こったのである。

「絶対的な」観点から（**「現実性」＝「可能性」＝「偶然性」＝「必然性」**）

このようにして、「偶然性」と「必然性」とが一体化する。偶然的な出来事が、そのまま必然的な出来事であり、その逆でもある。そして、このようにとらえられた「現実性」――目下の例では、現実に起こった追突事故――を、ヘーゲルは、「絶対的な現実性」（6.213）とよぶ。そして、実は、この「現実性」とは、そのまま、かの確定された「実在的な可能性」でもある。すなわち、そのとき、その事故が起こった。それによって、かの「諸条件と諸状況」が確定した。まさに、それ以外の特別な事態、たとえば、前の車の急加速といったことは、起こらなかった。とすれば、その「諸条件と諸状況」である「実在的な可能性」は、当の「現実性」そのもの、現に追突事故が起こるということそのことなのである。たしかに、「実在的な可能性」とは、先の例では、〈運転中に携帯電話をかけること〉でもあった。しかし、それは、突き詰めれば、最終的には、かの「諸条件と諸状況」になろう。そうであるならば、「実在的な可能性」とは、最終的には、総じて、かの「現実性」そのものなのである。これが、「絶対的な」観点からの現実把握である。

このように見るならば、ここにおいては、「可能性」（確定された「諸条件や諸状況」）がそのまま「現実性」（現に生じた追突事故）であり、その「現実性」が、また、そのまま、「偶然性」（追突事故はたまたま起こった）であり、「必然性」（それは必然的に起こった）なのである。このことをヘーゲルは、こう表現している。

このようにして形式は、それが実現することにおいて、形式のあらゆる区別を貫

き通し、自らを透明にした。（6.214）

ここでの「形式」とは、「可能性」、「現実性」、「偶然性」、そして「必然性」であり、「形式の区別」とは、これらの区別である。いまや、この「形式」は、「それが実現することにおいて」、つまり、その「絶対的な」観点において、その「あらゆる区別」を「貫き通し」、「自らを透明にした」、という。つまり、いまや、これらはすべて端的に一体化し、一つになった、というのである。これによって、目下の様相論は、「形式的な」観点へと立ち返る。すなわち、「可能性」＝「現実性」＝「偶然性」＝「必然性」というように、これらすべてが一体であるということは、「形式的な」観点において、まずもって提示されたことなのである。

こうして、様相論がとりあえず完結する。私たちの現実世界において、そこに生じる一切（＝現実性）は、それ自体「可能性」であり、「偶然性」であり、「必然性」なのだ、というのである。

因果必然性の解体

この様相論が、ヘーゲルの自由論に対してもつ意味は大きい。というのも、ヘーゲルの自由論は、カントの論じた「感性界」と「知性界」という二世界論を解消し、この二世界を一体化するということにこそ、成り立つものであった（三一－三二頁参照）が、目下の様相論は、この解消・一体化に、全面的に道を開くものだからである。すなわち、カントのこの論議において決定的な意味をもったのは、因果必然性であった。それによれば、因果必然性は、徹頭徹尾、客観性（「普遍妥当性」）をもつ。しかし、そうすると、私たちの自由は失われてしまう。だが、私たちはまた、当然、自由であるのでなければならない。こうして、因果必然性と私たちの自由との間に、決定的なアンティノミー（矛盾）が生じる。それは、是非とも解消されなければならないが、そのためにこそ、かの二世界論が提起されたのであった（一五頁以下参照）。この二世界論は、すでに論じたように、それ自体維持できないものなのだが、しかし、いまなお強い影響力をもつ強力な論議なのである。しかし、そうであるならば、この両世界の一体化を果たすために、まずもってなされなければならないことは、この両世界を決定的に分断する、この因果必然性を解体しておくことなのである。そして、目下の様相論とは、この因果必然性の解体論にほかならないのである。

再び、追突事故の例によろう。因果関係という観点によれば、〈運転中の携帯電話の使用〉は、追突事故の原因である。しかし、その原因が必然的に追突事故という結果を引き起こすわけではない。では、それを必然的に引き起こしたものは何かといえば、それは、あえて繰り返せば、〈携帯電話に気を取られていて、すでに、急ハンドルを切っても、急ブレーキをかけても、避けられないほどに、前の車に接近していて、その後、追突するまで特別なことは何も起こらなかった〉という、かの確定された「実在的可能性」である。しかし、これはもはや、追突事故を引き起こした原因ではない。そうではなく、それは、追突事故が起こったということ、そのことなのである（「可能性」＝「現実性」）。それは、現に起こった「現実（性）」（追突事故）の内容説明にほかならない。それゆえに、そこには、必然性はあっても、因果性――原因・結果の関係――はない。では、先のガソリンの引火の場合はどうなのか。しかし、この場合も、追突事故の場合とまったく同様なのである。すなわち、先に原因とは、〈ガソリンに火を近づける〉ことであり、結果は〈それが発火する〉ことであるとされた（一二頁、一八頁参照）。しかし、〈酸素があり、一定温度のもとで、〉ガソリンに火を〈発火するに十分）近づける〉ということは、もはや、〈ガソリンが発火する〉ことの原因ではない。〈ガソリンが発火すること〉そのことである（「可能性」＝「現実性」）。それは、追突事故の場合と同様に、〈ガソリンが発火する〉という事態の内容説明にほかならない。ここには、たしかに必然性（法則性）はある。だが、因果性はないのである。

しかし、カントは、この両方、つまり、因果性と必然性とを一体化した。だが、この一体化は不可能なのである。たしかに、ここにおいては、まず原因があって、それによって、当の結果が必然的に引き起こされたかのように——因果必然性があるかのように——見える。しかし、決してそうではない。まず原因があって、その結果、ある事態が必然的に引き起こされたのではない。そうではなく、原因があるということは、そのまま結果があるということであり、結果があるということが、そのまま原因があるということなのである（かの「現実性の、その反対「可能性」への直接的な転倒」（二二〇—二一頁参照））。したがって、宇宙の創造期にまでさかのぼる原因を起点として、連綿と連なる原因と結果との必然的な連鎖などというものも、実際には存在しない。この世に起こる一切（「現実（性）」）は、「必然（性）」だが、しかし、同時に「可能性」であり、「偶然（性）」なのである。カントは、こうして必然的な因果の連鎖がないとすると、時間なるものが成立しなくなると考えた（一三-四頁参照）――同様の考えはヒュームにもある（Hume 76）――が、実はそういうこともない。かつて時間の経過は、地球の自転周期の長さで測られていた――一回転が二十四時間であった――わけだが、地球の自転すなわち時間経過に、因果関係は関与しない。地球は、日々、ひたすら回るから回り、時間は、日々、ひたすら経過するから経過する。時間経過と因果関係とは、まったく別で、それぞれ独立の関係性なのである。

因果関係を、このように捉え返してみるならば、私たちは、因果必然性という呪縛から解放されよう。私たちは、この必然性にがんじがらめに縛られて、自由を奪われているなどと考える必要は、およそない。私たちは端的に自由なのである。こうして、私たちの世界を、「感性界」と「知性界」という二世界へと分離した、その〈おおもと〉が取り払われ、両世界の一体化への道――「自由」への道――が、全面的に開かれることになるのである。

自由

いまや、私たちは端的に自由である。この「自由」の内実を、ヘーゲルは、こう規定する。

必然性は、それが消え去ることによってではなく、ただ、その内的な同一性が顕わになることによって、自由となる。……また同時に、偶然性が自由となる。

(6.239)

ここにおける「[因果]必然性」の「内的な同一性」とは、必然的に関係する原因と結果なるものは、それ自体として、実は同一なのだということである。これによって、因果必然性、そして、必然的な因果連鎖といったものが、解消する。ただし、それによって、「必然性」が消え去ってしまうわけではない。追突事故にしても、ガソリンの発火にしても、それらは必然的に起こる。その「必然性」は、科学法則的な必然性と言いうるものだが、それは——私たちの日常世界においては——つねに確固として存立している。追突事故もガソリンの発火も、つねに、科学法則的に必然的に起こるのである。だが、そうであることにおいて、いまやこの「必然性」が、「自由となる」という。そして、「また同時に、偶然性が自由となる」、という。すなわち、この世界の出来事（「現実性」）は、総じて、「可能性」であり「必然性」であり、「偶然性」であるわけだが、このこと（「現実性」＝「可能性」＝「偶然性」＝「必然性」）が、総じて、「自由となる」、つまり、「自由」として、私たちのうちへと回収される、というのである。

その意味は、こうである。私が自由だということは、まずは、私がある「可能性」を担うということである。追突事故も、ガソリンの発火も、いずれも、起こることも起こらないことも可能であるという、一つの「可能性」である。そして、ここにおいて、私が、その「可能性」を担う（回収する）ということが、ありうる。それは、追突事故が起きることも起きないことも、ガソリンが発火することもしないことも、もっぱら私にかかっているということである。私の振る舞い方次第で、追突事故が起こったり起こらなかったり、ガソリンが発火したりしなかったりする。私自身が、まさに当の「可能性」そのものなのである。一般的に表現すれば、それは、私に選択可能性があるということである。これが、まずは、私が自由であるということの内実である。こうして、まずは「可能性」が「自由」となる。私自身が「可能性」である（私に選択可能性がある）ということが、私が自由であるということ、そのことなのである。さらには、また、「必然性が自由となる」。すなわち、目下の状況のもとで、追突事故が必然的に起こった。必然的にガソリンが発火した。この必然的な出来事は、私がそれを引き起こしえた「可能性」であることにおいて、私のうちへと回収される。つまり、そのすべてを私が引き起こしたとして、私が引き受けるのである。ここに「必然性が自由となる」。つまり、その必然的な出来事が、全面的に、私の自由による出来事となる。同様に、「偶然性が自由となる」。追突事故やガソリンの発火は、偶然起こったことだが、私がその「可能性」であり「必然性」であることにおいて、それは私のうちへと回収され、それによって、「偶然性が自由となる」――偶然生じたことは、私の自由によって引き起こされた――のである。こうして、私が自由であるとは、「現実性」＝「可能性」＝「偶然性」＝「必然性」である「絶対的な現実性」を、以上のようにして、自らのうちに回収すること、それを私が引き受けること（それが「自由となる」こと）なのである。

もとより、こうした「自由」とは、また、〈選択可能性〉・〈選択の自由〉にとどまるものではない。「必然性が自由となる」・「偶然性が自由となる」とは、それ以上に、「必然性」・「偶然性」の全体を、「自由」のうちに回収するということなのである。たとえば、運転中に携帯電話を使用することにおいて、追突事故が起こったとすれば、それによってさらに、偶然的かつ必然的に、きわめて多くの現実が引き起こされる。死傷者、大小の損害、諸々の賠償、刑罰の発生等々である。「必然性」・「偶然性」を回収するとは、最終的には、こうした一切を自らのうちに受容するということ、換言すれば、自らを世界に対して全面的に開くということなのである。それは、悟性の構築する世界（「感性界」）の崩壊を知って、かの「死という無」を遂行するということにほかならない。すなわち、世界は、決して自分の思いどおりにはならない。自然科学的な法則でさえ、それ自体「第二の法則」であることにおいて崩壊する（二四四－七頁参照）。つまり、一切は、必然的なのだが、同時に偶然的なのである。それを知って、そうした崩壊する悟性世界を、全面的に受け入れる。それは、まさに、かの「死という無」において、「感性界」と「知性界」との一体化が成立することなのである。こうして、いま『論理学』において説かれている「自由」もまた、最終的には、ヘーゲル哲学における一貫した自由、「絶対的な自由」なのである。

『論理学』は、このようにして、様相論を介することによって、「自由の国」（6.240）――「主観」・「自我（私）」の展開領域――を主題とする「概念論」へと転ずるのである。

法・国家・歴史

「ヘーゲルを読む」という観点から、前章と並んで、もう一つ差し挟んでおきたい論議が、「はじめに」で触れた、ヘーゲルのもっともよく知られた自由論である。すなわち、『法哲学』および『歴史哲学』というベルリン期の著作における、その論議である。ここでの主題は、とりわけ、法、国家、そして歴史であるが、これらの諸問題をめぐっても、これまでの「絶対的な自由」の概念が、そのまま引き継がれ、その論議の基盤となっているのである。

『法哲学』「序論（Einleitung）」における「自由」

まずは、『法哲学』の総論というべき「序論」を追ってみよう。その第五節で、こう言われている。

意志は、（a）純粋な無規定性、もしくは、自我の、自己自身のうちへの純粋な反省という契機を含む。ここにおいては、いかなる限定も解消されている。すなわち、自然や欲求、欲望、また衝動によって直接存するすることになる、あるいは、そのほか、どんなものによってであれ、与えられ規定される、いかなる内容も、そこにおいては解消されている。そこにあるのは、絶対的な抽象もしくは普遍性の、制限のない無限性であり、自己自身の純粋な思考である。（7.49）

ここにおいては、「意志」が、これまでに見た「理性」として論じられている。すなわち、「理性」とは「否定的な絶対者の力」であり（六八－九頁参照）、それ自体はいかなるものと限定されることのないものであった（同頁参照）。それは、まさに「純粋な無規定性」なのである。そして、「理性」とは、何であれ、すべての内容を、つまり、悟性によって限定される一切を、打ち砕いて、まさに「無規定性」（「無」）という自己自身へと立ち返る（「反省する」）「合目的的な活動」であった（一一五－七頁参照）。それは、ここで言われるように、「自我の、自己自身のうちへの純粋な反省［立ち返り］」であり、そこにおいては――「自然」であれ、「欲求、欲望、また衝動」であれ、およそ何であれ――「いかなる限定」も、「いかなる内容」も、解消されているのである。それは、かの『イェーナ体系構想』において「死という無」と規定されたものそのものである（二〇四―六頁参照）。欲求・欲望・衝動、そのほか何であれ、そうした一切によって規定され限定されて構築される自らの世界は、早晩無に帰する。それを知って、その一切を廃棄し、解消する。それによって、「自我」（私たち）は、純粋に自己自身のうちへと立ち返る。そうであることによって、それは、まさに「理性」なのであった。また、こうして理性であるとは、自己自身を全面的に世界へと開くことでもあった（九二―三頁、九六頁参照）。それは、いま「絶対的な抽象もしくは普遍性の、制限のない無限性」と言われていることにほかならないだろう。というのも、理性であるとは、一切を廃棄した「死」そして「無」（「絶対的な無」）であること、つまり、「絶対的な抽象もしくは普遍性」であることであり、それがまた世界への全面的な自己開放である限り、まさに「制限のない無限性」と言いうるものであろうからである。このように見るならば、ここでの「意志」の叙述は、これまでの「理性」のそれを再現したものであると言うことができよう。「意志」とは「理性」なのである。だからこそ、それは、自己自身を純粋に思考するもの（「自己自身の純粋な思考」）でもある。
この論述が、次の第六節で、こう展開する。

（b）まったく同様に、自我は、区別のない無規定性から、区別への移行、つまり、規定し、規定したものを、内容として、そして、対象として設定することへの移行である。……こうして、自己自身を規定された内容として設定することによって、自我は、定在一般のうちへと歩み入る。（7.52）

これは、悟性の「限定」の叙述である。理性は、悟性をそそのかして、自らの世界を精一杯構築させると、かつて語られたが（六八‐七〇頁参照）、いずれにしても、私たちは悟性として、理論的、実践的に、無数の限定を行い、自らの世界を構築する。すなわち、私たち（「意志」、「自我」）は、理性であるのと「まったく同様に」悟性でもある。そうであることにおいて、私たちは、「区別のない無規定性」（「理性」のあり方）から、区別すること、つまり、限定すること（「悟性」のあり方）へと移行する。悟性として、世界を規定（限定）し、このうえなく豊かな「内容」を産み出し、それを、自らの「対象」とするのである（「悟性」＝〈対象意識〉（一三四頁参照））。私たちは、こうして、限定によって諸々の内容を産み出し、自らの世界をつくり出す――「自己自身を規定された内容として設定する」――ことによって、現実世界を生きる、つまり、「定在一般のうちへと歩み入る」のである。このようにして、私たち（「意志」・「自我」）は、「理性」であり、そしてまた、「悟性」なのである。以上の（a）・（b）の論議が、次の第七節（c）で、こうまとめられる。

> （c）意志とは、この両契機の統一である。すなわち、自己のうちへと反省し［立ち返り］、それによって普遍性へと連れ戻される特殊性であり、つまり、個別性である。（7.54）

私たち（「意志」・「自我」）は、悟性として、自らの世界を全力で構築する。しかし、その世界とは、どこまでも、私たちに相対する「対象」（「他在」）であり、私たちは、そこから疎外される（一五二頁、一八二‐三頁参照）。ここにおいて、私たちは、そもそも「矛盾」（〈小矛盾〉）を犯している（七八‐八一頁、一〇二‐三頁、一二六頁参照）。その根本的な了解のもとで、私たちは、この自ら全力で構築する自らの悟性世界から、自分自身を解放する――自己のうちへと立ち返る――。それによって、私たちは、それぞれがそれぞれなりに固執していた自らの「特殊性」から解放され、そもそもの「普遍性」、つまり、かの「純粋な無規定性」（「絶対的な抽象もしくは普遍性」・「絶対的な無」）へと連れ戻される。そうであることにおいて、私たちは、真に私たち自身、つまり、「個別性」なのだ、という。そして、ここにこそ、「自由」が成立する、と。

これが、意志の自由であり、この自由が、意志の概念もしくは実体性をなす。（7.54-5）

すでに明らかだろう。ヘーゲルは、ここで、自らの一貫した〈悟性・理性〉論を展開しているのであり、また、理性において成立する「絶対的な自由」――「思弁の最内奥のもの」・「あらゆる活動、生命、そして意識の究極の源泉点」（7.55）――を説いているのである。

「自由」における「即自（自体）かつ対自」・「絶対的な同一性」

この論議を、もう少したどるならば、ここに、「即自（自体）」、「対自」という観点が、導入される。

ようやくただ即自的（自体的）に自由である意志は、直接的な、もしくは自然的な意志である。その諸々の規定は……諸々の衝動、欲望、傾向であり、こうしたものを通して、意志は、自らが自然によって規定されていると了解する。（7.62）

私たち（「意志」）は、「ただ即自体（自体的）に自由である」限りでは、自らが「自然的な意志」であり、「諸々の衝動、欲望、傾向」によって規定される「恣意」（7.65）であると見なす。つまり、自らの欲求・欲望に駆られて、自らの悟性的な世界を構築しようとするのは、自らの自己中心的な行動なのだと、私たちは考える。ただし、こうした私たちにおいても、実は、「絶対的な自由」、つまり、世界（客観）との一体性は、成立しているのだという——たとえば、あまりに自己中心的になれば、必ずや打ち倒されるという仕方で——。しかし、そうした一体性は、私たちには分からない。

つまり、単に「即自的（自体的）」なのである。

［これに対して］即自的（自体的）かつ対自的に存在する意志は、そのものとしての意志自体を、つまり、純粋な普遍性である自らを、自らの対象とする。この普遍性とは、……自然性の直接性と特殊性とが……そのうちで廃棄されているという、そういう普遍性である。（7.72）

単に「即自的（自体的）」に自由な意志（私たち）は、自らの構築世界を、自らに相対する「対象」ととらえ、そこに自己実現を果たそうとする〈対象意識〉である。しかし、いまや、私たちは、その対象を、自分自身（「そのものとしての意志自体」）と、とらえる。つまり、「対象」は、自分に相対し、自分を疎外する〈他〉ではなく、〈自分自身〉なのである。ここに、私たちは、他に相対する「対他存在」ではなく、自分自身に相対する「対自存在」となり、したがって、「即自（自体）かつ対自存在」となる。では、こうした「即自（自体）かつ対自存在」としての私たちとは、いかなるものかといえば、それは、「純粋な普遍性」つまり「純粋な無規定性」（「無」）であり、そこにおいては、

「諸々の衝動、欲望、傾向」という「自然性の直接性」や、私たち一人一人の「特殊性」は、廃棄されている、という。いまや、私たちは、自分自身への固執から（世界へと）全面的に解放されている、というのである。

このようにして、「即自（自体）かつ対自存在」において成立する「絶対的な自由」（「絶対的な無」）の論議が、ここ『法哲学』序論で、再現される。さらには、ここで、かの「主観」と「客観」との「絶対的な同一性」論が再論される。

意志の活動とは、主観性と客観性との矛盾［非同一性］を廃棄し、主観性という規定を客観性という規定へと移し入れ、客観性において、同時に自己自身のもとにとどまるというものである。（7.79）

私たちの真に自由な活動とは、まずは、自らの外に出て、外の世界のうちに自らの世界を構築する。しかも、その際、外の世界全体を自らの世界のうちへとり込もうとする（客観性を主観性へ）。だが、ここにおいては、不可避的に「主観性と客観性との矛盾［非同一性］」が露呈する。それゆえに、私たちは、真に自由であるために、自らの構築する自らの世界から、自らを解放し、外の世界そのもの（世界全体）へと自己を全面的に開く――「主観性という規定を客観性という規定へと移し入れる」――。それによって、自らが、外の世界そのものとなる。つまり、「客観性において、同時に自己自身のもとにとどまる」ことになる。この主観・客観の同一性（「絶対的な同一性」）においてこそ、真の自由が成立する、というわけである。

このようにして、『法哲学』における「自由」もまた、これまでに論究した「絶対的な自由」そのものなのである。

「法（Recht）」

さらに、「法」とは、この「自由」（「絶対的な自由」）が、現実の世界に定着することなのである。

定在一般が、自由な意志の定在であるということ、このことが、法である。（7.80）

「法（Recht）」とは、書名『法哲学』の「法」だが、それは、広義の「法」、すなわち、

「正しさ」、「公正」、「正当」、「正義」等を意味する。公正である、正当である、正義であるということは、総じて現実に存在している一切（「定在一般」）が、自由な意志によるものである——「自由な意志の定在である」——ということだ、というのである。実際、私たちは、現実世界をさまざまに生きる。そうしたなかで、誰か特定の人間の特殊な意志が、他の人々の意志を抑圧して、まかり通るとすれば、それは「法」ではない。そうではなく、私たちは、自らの特殊性（欲求・欲望）を実現しようとするが、しかし、つねに同時に、世界に、すべての人々に、自らを開き、その特殊性を普遍的なものとしなければならない。そのようにしてこそ、私たちは、真に自由に存在しうる。こうした真に自由な意志の存在が、「定在［存在］一般」であるとするならば、そこに「法」が実現しているというのである。

「法哲学」とは、この「定在一般」の学的な展開、すなわち、「絶対的な自由」の現実的なあり方についての学である。そこに提示される「法の体系」は、先に論及したように（五八頁参照）、まさに「実現された自由の国」であり、「精神［本来の自由な私たち］自身から生み出された、第二の自然［自由な誰もが自ずと従う自然的な世界］」としての精神の世界」なのである。

国家と自由

このような「法」論であり自由論である『法哲学』の最後に位置するのが、「国家」である。先にも引用した（五八頁参照）が、それによれば、「国家とは、具体的な自由の現実性である」（7.406）という。「国家」においてこそ、「自由」が具体化し現実化するというのである。この文に始まる一節を引こう。

> 国家は、具体的な自由の現実性である。だが、具体的な自由とは、まずは、個人の個別性や、その特殊な関心が、すべて完全に展開し、その正当性がそのまま承認されるということにある。また、このこととともに、この自由は、……この個別性や特殊な関心が、一つには、それ自体によって、普遍的なものの関心へと移行するということ、また一つには、［個々人が］知と意志を伴って、普遍的なものを、とりわけ自分自身の実体的な精神として承認し、自らの究極目的である、この普遍的なもののために活動するということにある。（7.406-7）

もはや、多くの論議は不要だろう。「国家」とは、具体的な形で現実化した「自由」

である、という。では、この現実化した自由とは、何か。それは、まずは、私たち一人一人が、その能力を全面的に発揮して、自らの欲求・欲望や関心を十全に展開すること、つまり、全力を挙げて、自らの世界を構築することである――「生死を賭けた闘争」（「悟性」）――。これは、私たちの正当な行為である、という。ただし、その際、私たちは、真に自由である限り、同時に、自らの世界を超え出た世界そのもの（「普遍的なもの」）へと、自らを開き、世界そのものに関心をもち、それを、自らをはぐくみ育てる場（「それ自体の実体的な精神」）と認めなければならない。そして、それを、自らの究極目的とし、そのために活動するのでなければならないという――全面的な自己放棄・自己解放としての「死という無」（「理性」）――。むろん、ここ国家論において、この〈世界そのもの〉とは、「国家」である。

このようにして、ここ「国家」論においても、これまでの「絶対的な自由」（「絶対的な無」）が、そのまま引き継がれていることが見て取れよう。「国家」において現実化する「具体的な自由」とは、それ自体、この「絶対的な自由」である。「国家」においてこそ、この自由が現実のものとなる、というのである。

では、こうして、自由を現実化する「国家」とは、実際には、どのような国家なのか。ヘーゲルによれば、それは、「君主」を頂点とする立憲君主制国家である。では、その「君主」とは、いかなるものなのか。ヘーゲルは、それを、こう規定する。

君主権は、それ自体、総体性〔国家〕の三つの契機を、そのうちに含む。その三契機とは、［1］憲法および法律の普遍性、［2］特殊なものを普遍的なものへと関係づけることとしての審議、そして、［3］自己規定としての最終決定という契機である。この第三の最終決定のうちには、そのほかのあらゆるものが立ち返り、その現実化が、この最終決定から始まる。この最終決定である絶対的な自己規定こそが、君主権そのものの特徴的な原理である。（7.441）

この究極のもの〔国家の人格性、つまり、君主〕は、単純な自己のうちで、あらゆる特殊性を廃棄し、論拠と、それに反対する論拠との間で、あちらこちらへと絶えず揺れ動く慎重論を断ち切り、〈私はそうする〉の一言で、それに決着をつける。これによって、あらゆる行為と現実が始まる。（7.445）

現実の世界において、私たちは、さまざまな営みを遂行するが、そこには、まずは、遵守すべき憲法や法律（「普遍性」）がある〔1〕。しかし、実際の営みは、さまざまな「特殊性」をはらみ、そのために、審議や裁判が行なわれる〔2〕。こうしたなかで、これらの一切が、君主のもとにもち込まれ、そこで最終決定が行なわれる〔3〕。では、すべてが、そこから始まるという、この最終決定とは、どのようなものか。それは、君主の「絶対的な自己規定」であるという。それは、他の何ものによっても干渉されることのない自己決定である。では、君主は何を根拠に、自己決定を下すのか。だが、そうした根拠は、なにもない、というのである。君主とは「単純な自己」――自らのうちに、さまざまな論拠をもって、さまざまに思考をめぐらすといった錯雑さの、まったくない、単純な自己――なのである。そうした「あらゆる特殊性」は廃棄されている。あらゆる特殊な論議をすべて引き受けるが、自分自身は、「絶対的な普遍性」(7.49）つまり「純粋な無規定性」（ibid.）・「無」なのである（二三三頁参照）。そうであることにおいて、端的に「私」を表出し、最終決定を下す（〈私はそうする〉）。これは、先に見た（二三六－七頁参照）、「特殊性」を連れ戻した「普遍性」であり、そこに成立する「個別性」である。ここにおいて、君主は、一個人として、世界そのものと完全に一体（「絶対的な同一性」）であり、「絶対的な自由」・「絶対的な無」であり、そして、「理性」なのである。

こうして、「絶対的な自由」論が、『法哲学』をも一貫して貫き、これを支えている。

歴史と自由

すでに言及したように、先に挙げた一文――「世界の歴史は、自由の意識における進歩である」（12.32）――は、ヘーゲルの『歴史哲学』にある、あまりにも有名な文言だが、この著作（『歴史哲学』）は、『法哲学』の続編と言いうるものである。というのも、「歴史」つまり〈世界の歴史〉とは、「国家」の歴史だからである。実際、『法哲学』の最終節、つまり、「国家」章第三節「C」のテーマは、「世界の歴史」なのである。ただ、この世界の歴史の詳細な展開である『歴史哲学』（ヘーゲルの講義を、まず、教え子であるE・ガンスが編纂、出版（一八三七年）し、さらに、息子のカール・ヘーゲルが改訂・公刊（一八四〇年）した、ヘーゲル全集中の一巻で、その後現在にまで引き継がれ、広く読まれている講義録――正式名称は先に示した『歴史哲学講義』――）は、二年ごとに数回行われたベルリン大学での講義の、いわば寄せ集めで、テクスト上の問題が指摘されている。ここでは、その「序論」から、二つの節のみを引用しよう。まずは、その一部は先にも引用した（一三二頁参照）が、こうである。

哲学がもち合わせているただ一つの考えは、理性が世界を司る、したがって、世界の歴史は理性のもとで進展するという、理性についての簡単な考えである。……哲学における思弁的な［絶対的・本来的な］認識によって明らかにされることは、理性が……実体であるとともに無限の力である、ということである。（12.20-1）

ここで語られているのは、先に宇宙的な理性とも表現した歴史的理性である（七〇頁参照）。それによれば、理性とは、私たち人間の一能力にとどまるものではなく、世界の「実体」であり、「世界を支配する」「無限の力」である。それゆえに、世界の歴史は、「理性のもとで進展する」。では、それは、どこへ向かって進展するのか。かの立憲君主制国家の成立に向けて、つまり、すべての人々における「具体的な自由」・「絶対的な自由」の実現に向けてである。すなわち、世界の歴史とは、先に見た（二一五－七頁参照）、理性の「合目的な活動」の展開過程にほかならない。それはまさに、

「自由の意識における進歩」であり、また、「自由の概念の展開」（12.540）なのである。また、引用するもう一節は、こうである。

> 総じて、いっそう明確に世界の歴史の対象となるものは、国家である。ここにおいては、自由が、客観性を保持し、この客観性を享受して生きる。というのも、法とは、精神の客観性であり、精神の真実の意志だからである。そして、ただ、法に従う意志のみが、自由である。というのも、その意志は、自分自身に従っているのであり、自分自身のもとにあり、つまり、自由だからである。……そこにおいては、客観的な意志と主観的な意志が和解し、両者が一個同一の濁りない全体となるのである。（12.57）

歴史とは、まさに「国家」の歴史なのである。そして、先の「法」論、「国家」論が論じるとおり、「国家」においては、「自由」が客観的に生き生きと「生きる」。つまり、「国家」は「具体的な自由の現実性」なのである。そこにおいては、まさに「法」（「正義」）が、万人（「精神」）の真意として、客観化している。つまり、「法」（「正義」）が、

「精神〔万人の意志〕の客観性」であり、「精神〔万人〕の真実の意志」なのである。ここにおいて、「法」は、通常「法律」と訳される〈Gesetz〉という語で表記されているが、それは、まさに、先の「法（Recht）」であろう。

こうして、「法」（「正義」）が客観化されている、「自由の現実性」としての「国家」において、「法」（「正義」）に従って生きることが、もとより「自由」である。逆に、「自由」とは、「法」に従って生きること、そのことである。「法」とは、それに従う人にとって、およそ〈対象〉なのではなく、自己自身である。その人は、もはや「対他存在」ではなく「対自存在」であり、「自己意識」なのである。それゆえに、「絶対的に自由」なのである。ここにおいては、「主観」と「客観」との「絶対的な同一性」が端的に成立しており、「私」（「主観」）の振る舞いは、そのまま、「国家」や「法」（「客観」）に即した振る舞いであり、また、「国家」や「法」の意向が、そのまま「私」の振る舞いとなる。「客観的な意志と主観的な意志が和解し」ている。ここには、およそ、乖離・断絶も、不透明な濁りもなく、「両者が一個同一の濁りない全体」となっている、という。

世界の歴史とは、ヘーゲルによれば、こうした「濁りない全体」としての「国家」

の成立へと向かう、すなわち、「絶対的な自由」（「絶対的な無」）の全面的な成就へと向かう「展開」であり「進歩」である。それは、中国、インド、ペルシャからなるオリエント世界に始まり、ギリシア、ローマを経て、キリスト教的ゲルマン世界（中世）に至り、「学問復興、芸術の開花」（12.491）（いわゆるルネサンス）および「アメリカ、そして、東インド航路の発見」（ibid.）を契機に、近代へと展開し、その近代が、宗教改革およびフランス革命を経て、「歴史の最終段階、すなわち、私たち〔ドイツ人〕の世界、私たちの時代（現代）」（12.524）へと至る、というのである。

ヘーゲル哲学は「自由の哲学」である。しかもその「自由」とは、必ずしも、国家や社会、歴史といったレベルで論じられる自由なのではなく、そうした自由をも貫き支えるいっそう根底的な自由である。すなわち、私たち一人一人が現に生き、振る舞う際に、切実に願い求める自由なのである、と冒頭に述べた。これまでに、この冒頭に述べたヘーゲルの自由論を追った。それは、一貫した「絶対的な自由」の論議なのであった。いま、その論議を終えるにあたって、当初言及したもくろみ、かの見果てぬ夢の話に立ち返ろう。それは、私たち一人一人が切実に願い求める自由とは何かを見定め、かつ、その自由を我がものとしようという夢であった。私たちは絶えず、思いどおりにいかない自分に思い悩む。だからこそ、つねに、思いどおりに生きる自分を夢見て過ごす。この夢は一般に叶うことはない。しかし、ヘーゲル哲学が、この夢を叶えてくれるのではないか、それによって、この見果てぬ夢を見果てることができるのではないか。当初、こう論じた。

まずは、この根底的な自由とは、何であったのか。それは、ほかでもない、これまで一貫して論じてきた「絶対的な自由」である。それは、自分自身を世界に全面的に開き、世界そのものと一体となるという、「絶対的な同一性」を生きるということ、このことであった。それは、総じて、悟性的な世界の崩壊が把握もしくは自覚されることにおいて、可能となるものであった。実践的な観点から、具体的に言えば、それは、一切の執着から解放された「死という無」（「絶対的な無」）という境地において、あるいはまた、「美しい魂」における「良心」の「告白」等において、実現しうるものであった。これが、ヘーゲルの説く、根底的な自由なのであった。

こうした自由は、たしかに、一般的には、私たちにとっておよそ無縁な事態であると言うことができよう。一切の執着から解放された「死という無」、そして、そこに実現する「絶対的な自由」なるものは、たしかに、私たちが切実に願い求める理想の自由でもあろう。しかし、そうしたものは、いずれにしても、高邁な宗教的な境地であり、また、その種の境地においてのみ達成されるものなのであって、やはり、一般の私たちの手の及びうるものではないだろう。また、「美しい魂」となって、「良心」に従い、全面的に自己告白をするなどということも、通常はありえないことだろう。

たしかにそのとおりだろう。しかし、ヘーゲルが、その主著『精神現象学』において、さらには、その哲学全般において、一貫して説き続けたことは、ほかならぬ、この「絶対的な自由」であり、また、その実現である。私たちが実生活を営むこの世界は、理論的世界であれ、実践的世界であれ、原理的に崩壊し、無に帰す。それを知り、それを受け入れることによってこそ、私たちは、世界と一体になって、真に自由に生きることができるのだ、と。こうした哲学的な論議こそが、「経験的なものを犠牲にせよという道徳的な指図か、あるいは、形式的な抽象の概念かの、どちらかでしかなかったものにも哲学的な実在性を与える」のだ、と。これが、最初期からの一貫したヘーゲル哲学の心髄であった（九〇-一頁参照）。そうであるならば、そして、なによりも、ヘーゲルの哲学が十分に説得的であるならば、それによって、通常はおよそ現実性がなく高邁な宗教的な境地でしかない、いわば私たちの心の真実（あらゆるものへの、また自己への固執の廃棄）が、「実在性」を獲得しうることになろう。つまり、私たちは、「死という無」という心境に達し、真に自由に生きる――広い意味で、あるいは、真の意味で、自らの思いどおりに生きる――ことができることになろう。これによって、まさに、かの見果てぬ夢の果てを見届けうることになろう。

だが、『精神現象学』の後半をも含め、一通りヘーゲル哲学をたどり終えたいま、はたして私たちは、こうした夢の実現を果たしうるに至っただろうか。ヘーゲル哲学は、それほどに説得的であり、力あるものでありえただろうか。むろん、そうではないだろう。もし、それほどに力あるものであるならば、ヘーゲル哲学は、もっと多くの人々に、あるいは、圧倒的に多くの人々に、受け入れられ、愛読されることだろう。たしかに、そうだろう。しかし、最後に、あらためて立ち返っておきたいのは、『精神現象学』最終章「絶対知」における、「良心」と「啓示の宗教」との統合の場面である（二〇七-八頁参照）。

この場面において、最終的に明らかにされたことは、「神」とは、さまざまな宗教のもとで、特有の礼拝、儀式、教団とともにあるが、しかし、それ自体としては、端的に「良心」の「告白」の場だ、ということである。私たちは、おそらく誰もが、神に祈る。この神への祈りとは、私たちが、「美しい魂」として、自らの「良心」において、神に対して、全面的に自己告白するということなのである。いま、ここに立ち返りたいわけだが、ついては、あらためて強調したいことは、それが、「神」への祈り、「神」への告白であるとするならば、それはまさに、「良心」における全面的な自己告白でなければならない、ということである。つまり、もし、私たちが、自らの欲求・欲望に基づいて一方的な祈り・告白を行なうのだとすれば、それは「神」への祈り、「神」への告白ではないことになろう、ということである。

私たちは、しばしば思い悩み、神に、つらいと告白し、助けて下さいと祈る。しかし、それは、本当は、神に対する祈り・告白ではないのである。それは、自己愛に発する一方的な要求にすぎない。もし、神に対する祈り・告白であるとするならば、それは、一方で、自己愛に発しつつも、他方で、同時に、自らと同様の境遇の人々や、自らを取り巻くさまざまな事情を抱えた人々への配慮——他者愛とか自己犠牲とかと言ってもいい——からも発せられるものでなければならない。カント的に言えば、それは、「感性界」と「知性界」の両世界に帰属するものでなければならない。私たちは、たしかに、自らの欲求・欲望にとらわれる利己的な「感性界」の住人である。しかし、他方、身命を惜しまず人に尽くす人々に感動する「知性界」の住人でもある。それゆえに、私たちが、神に、つらい、助けて下さいと告白し祈るのだとすれば、それは、同時に、同様につらい人々や、さまざまな事情のもとに生きる自らの周辺の人々への祈りでもあることによってこそ、私たち自身の全面的な自己告白であり、全霊の祈りであることになろう。それは、自分への祈り・告白であると同時に、総じて、世界への祈り・告白でもあろう。そうしてはじめて、「神」への祈り・告白になろう。

ただし、そのように祈り告白するからといって、ひたすら自己犠牲に徹し、他者のために生きるべきだ、などということには決してならない。すでに見たように、「良心」なるものは、およそ融通無碍で、恣意的なものなのである（一九六頁参照）。他者に配慮しつつも、なおひたすら自己愛に基づき、自らの欲求・欲望のままに生きるということも、許容されうる。しかし、そのように自己に固執する生き方は、結局自分をつらくするだけであろう。だからこそ、ヘーゲルは、繰り返し、「神の死」を説き、「死という無」を語り、悟性世界の崩壊を論じ、「美しい魂」に言及する。そして、それが、「良心」の「告白」と一体化した「神」への祈り・告白へと収斂する。

いま、ここに立ち返っているわけだが、その意図は、こうである。すなわち、この「神」への祈り・告白こそが、総じて、自らのつらさに苦しむ私たちを支え、私たちがどんな状態にあろうとも、自らのうちに閉じこもることなく――つまり、自己自身に固執することなく――私たちをそこから解放し、私たちが自らを世界に向かって開くということ、このことを可能にするものなのではないだろうか、ということなのである。自らの「良心」のもとでの、「神」への全面的な自己告白、つまり、単に「感性界」からの一方的な要求ではなく、「知性界」からも発せられる一体的な告白・祈りこそが、思いどおりに生きることのできない私たちを、そうした自己から解放し、世界と共に世界そのものを生きるということ、このことを可能にするのではないだろうか。つまり、かの「絶対的な自由」を、私たちにもたらしうるのではないだろうか。もとより、私たちは、真っ正直な自己告白・祈りを世間に対して行なうことなどはできない。それは、他の人々をも配慮した告白・祈りであるとはいえ、他方、自己愛に基づくきわめて自己中心的な告白・祈りでもあるのだから。しかし、こうした告白・祈りも、神に対してであれば、なしうるのではないか。そして、こうした神への告白・祈り――「美しい魂」における「良心」の「告白」――において、私たちは、総じて自己への固執から解放され、自らを世界に開き、まさに「絶対的な自由」を生きることができうるのではないか。『精神現象学』、そして、総じて、ヘーゲルの哲学は、このことを説こうとしているのではないか。

このように見ることができるとするならば、ヘーゲルは、通常の私たちには無縁な、高邁な境地を、ひたすらこむずかしく論議し、語ってみせるだけであるということも、なくなるのではないだろうか。世界の「崩壊」と「無」をめぐる所論を踏まえ、自己を祈り、世界を祈る。こうしたヘーゲル哲学の真意を通して、ことによると、私たちは、私たちの真に解き放たれたあり方、つまり、かの「絶対的な自由」を手にすることができるのではないか。かの見果てぬ夢を、見果てることができるのではないか。

引用文献

ヘーゲルに関する引用は、主として、ズーアカンプ版ヘーゲル著作集全二十巻（G.W.F. Hegel Werke in zwanzig Bänden (Theorie Werkausgabe Suhrkamp Verlag）により、引用箇所は、巻数と頁数の併記によった。ただし、第五章から第七章までは、そのほとんどが『精神現象学』からの引用であり、かつ、引用が多数に上るので、その箇所については、巻数（3）は（一カ所を除いて）省略し、頁数のみの表記とした。そのほか、アカデミー版大全集（G.W.F.HEGEL GESAMMELTE WERKE, hrsg. von d. Rhein.-Westfäl. d. Akad. d. Wiss.-Hamburg 1968年以降）からの引用は、略号G.W.および、その巻数と頁数の併記によって、その箇所を表記した。カントに関しては、『純粋理性批判（Kritik der reinen Vernunft）』については、その第二版を意味するBと頁数の併記とし、そのほかは、いわゆるアカデミー版（I. Kant Gesammelte Schriften, hrsg. von Preuss. Akademie d. Wissenschaften.）の略号Ak.と、その巻数、頁数の併記とした。ヒュームについては、Hume, D., *A Treatise of HUMAN NATURE*, Oxford 1968により、Humeという表記と、この頁数とを併記した。イエシュケについては、Jaeschke, W., *Hegel-Handbuch*, Stuttgart. Weimar 2003により、Jaeschkeという表記と、この頁数とを併記した。

参考 『精神現象学』目次

序論
緒論
A．意識
Ⅰ．感性的確信、もしくは〈このもの〉と思い入れ
Ⅱ．知覚、もしくは物と思い違い
Ⅲ．力と悟性、現象と超感性的世界
B．自己意識
Ⅳ．自己自身の確信の真理
A．自己意識の自立性と非自立性、主人と下僕
B．自己意識の自由（ストア主義、懐疑主義、不幸な意識）
C．（AA）理性
Ⅴ．理性の確信と真理
A．観察する理性
a．自然の観察、有機体の観察／b．自己意識の観察――その純粋性と、その外的な現実への関係とにおいて、論理学的および心理学的諸法則／c．自己意識の、その直接的な現実への関係の観察
B．理性的な自己意識の自己自身による実現
a．快楽と必然性／b．心の法則と自負の狂気／c．徳と世の流れ
C．即自かつ対自的に自らにとって実在的である個人性
a．精神的な動物の国と欺瞞もしくは〈ことそのもの〉／b．立法的理性／c．査法的理性
（BB）精神

Ⅵ. 精神
A. 真の精神　人倫
a. 人倫的世界　人間のおきてと神々のおきて　男と女／b. 人倫的な振る舞い　人間の知と神々の知
罪過と運命／c. 法状態
B. 疎外された精神　教養
Ⅰ. 疎外された精神の世界
a. 教養とその現実の国／b. 信仰と純粋な洞察
Ⅱ. 啓蒙
a. 啓蒙の迷信との戦い／b. 啓蒙の真理
Ⅲ. 絶対的な自由と恐怖
C. 自己確信的精神　道徳
a. 道徳的世界観／b. すりかえ／c. 良心　美しい魂　悪とその赦し
（CC）宗教
Ⅶ. 宗教
A. 自然宗教
a. 光／b. 植物と動物／c. 名工
B. 芸術宗教
a. 抽象的芸術品／b. 生命ある芸術品／c. 精神的芸術品
C. 啓示宗教
（DD）絶対知
Ⅷ. 絶対知

あとがき

本書は、二〇〇三年に出版した『ヘーゲルを読む』（放送大学教育振興会）を底本とし、これを改変したものである。前著は、ヘーゲル哲学を「無の哲学」と読むという主旨であったが、今回は、「自由」という観点を前面に出した。しかも、ヘーゲル哲学とは、私たちが自由に生きるとは、どういうことなのかを真摯に語り出す哲学であると見て取り、その真摯な語り、真摯な論議を、一貫して読み取り、読み切ることを試みた。とにかくもヘーゲル哲学はおもしろいと思い、いつの間にか四十年ほどにわたって読み続けてきたわけだが、そのおもしろさを思い切って表現したいと思った次第である。

「自由」とは、もとより、私たちにとっての永遠のテーマである。だが、一般には「自由」とは、不自由なく、便利に快適に動けること、暮らせることであると、ごく簡単に了解される。このように見るならば、現在の私たちの世界は、このうえなく自由で、便利で快適な世界である。便利で快適な生活を保証する、さまざまな機器やゲームが次々と開発され、広範囲にわたって、思いのままの安楽な暮らしが可能なのである。だが、私たちはいま、本当に自由に生きているのだろうか。それが問題なのである。

私たちは、便利で快適に過ごしているという。しかし、便利に快適に過ごしているのは誰なのか。むろん、私たちである。だが、まわりを見れば、もっと便利で快適で豊かな生活をしている人たちがいるのである。私たちは、うらやましいと思い、自分ももっと便利で快適で豊かな生活をしたいと思う。つまり、自らの欲求・欲望をもっと満たしたいと思うのである。ここに、明らかだろう。便利で快適な世界とは、欲求・欲望の世界、それを果てしなく満たそうとする世界なのである。

むろん、欲求・欲望を果てしなく満たそうとすることは、大事である。それこそが、私たちの生きる原動力だろう。しかし、便利で快適な世界、つまり、欲求・欲望の世界のみに身を置くのだとすれば、それは大きな過ちなのである。結局それは、欲求・欲望に隷属することだからである。ここにおいては、私たちは、欲に振り回されつつ、いつでもまた、満たされない自分に不満を抱こう。こうした私たちは、本当に自由であるとは言えないだろう。

本当に自由であるには、便利さ・快適さあるいは欲求・欲望を相対化する、もう一つの生きる視点が不可欠なのである。その視点とは、難しいものではおよそなく、ごくありふれた視点である。つまり、誰もが、欲求・欲望に振り回されれば、自分を失ってしまうという、人間性に関わる根本的な視座をもっていよう。同時にこの視座を身につけることにおいてこそ、私たちは、本当の意味で自由になれるのではないだろうか。

この点で、近年大いに気になることとは、大学の教育・研究において、あまりにも実学が尊重されようとしていることである。あたかも、自然科学と経済学さえあれば、人間は、幸福（自由）になれるかのようである。しかし、それは、便利で快適な世界しか見ようとしない、つまり、欲求・欲望の世界しか見ようとしない、端的な短慮だろう。それと相まって、あるいは、それ以上に重要なのは、そういう世界を相対化する視点である。そうした視点は、哲学に、あるいは広く人文学に求められるべきものだろう。こうした総合的な観点があってこその「大学（ユニバーシティ）」だろう。

ヘーゲル哲学は——大学論は別として——こうした真の自由を一貫して追及した哲学であった。私としては、この哲学をこそ、徹底して追ってみたかった。

こうした論議の遂行にあたっては、もとより、多くの先人の業績から、多大の教えをこうむっている。金子武蔵訳『精神の現象学』やイポリット著『ヘーゲル精神現象学の生成と構造』をはじめとして、多くの国内外の研究者の業績がそれである。いうならばそれらは、私の研究上の血となり肉となっている。お一人お一人のお名前は挙げないが、心よりお礼を申し上げたい。

また、本書執筆の機会は、放送大学の魚住孝至氏からいただいた。大変ありがたい機会を与えてくださったことに、心より感謝申し上げたい。さらに、左右社の小柳学氏、東辻浩太郎氏には、ぐずぐずとなかなか書き始めようとしない私を叱咤激励してくださった。今日、本書があるのは、このお二方のおかげでもある。やはり心よりの感謝を申し上げる。

二〇一六年八月

高山守

創刊の辞

この叢書は、これまでに放送大学の授業で用いられた印刷教材つまりテキストの一部を、再録する形で作成されたものである。一旦作成されたテキストは、これを用いて同時に放映されるテレビ、ラジオ（一部インターネット）の放送教材が一般に四年間で閉講される関係で、やはり四年間でその使命を終える仕組みになっている。使命を終えたテキストは、それ以後世の中に登場することはない。これでは、あまりにもったいないという声が、近年、大学の内外で起こってきた。というのも放送大学のテキストは、関係する教員がその優れた研究業績を基に時間とエネルギーをかけ、文字通り精魂をこめ執筆したものだからである。これらのテキストの中には、世間で出版業界によって刊行されている新書、叢書の類と比較して遜色のない、否それを凌駕する内容のものが数多あると自負している。本叢書が豊かな文化的教養の書として、多数の読者に迎えられることを切望してやまない。

二〇〇九年二月

放送大学長　石　弘光

放送大学

学びたい人すべてに開かれた
遠隔教育の大学

〒261-8586 千葉市美浜区若葉2-11
Tel: 043-276-5111　Fax: 043-297-2781　www.ouj.ac.jp

髙山 守（たかやま・まもる）
ドイツ哲学。東京大学名誉教授。主な著書に『ヘーゲル哲学と無の論理』『因果論の超克』『自由論の構築』（ともに東京大学出版会）『ヘーゲル事典』（共編、弘文堂）などがある。

1948年　東京都生まれ
1975年　東京大学大学院人文科学研究科修士課程修了
1977年　同博士課程退学
1982年　南山大学文学部助教授
1988年　東京大学教養学部助教授
1990年　同大学文学部助教授
1994年　同教授
2001年　京都大学博士（文学）取得
2003年　放送大学客員教授
2013年　東京大学名誉教授

シリーズ企画：放送大学

ヘーゲルを読む
自由に生きるために

2016年10月30日　第一刷発行

著者　髙山守

発行者　小柳学

発行所　株式会社左右社
〒150-0002 東京都渋谷区渋谷 2-7-6-502
Tel: 03-3486-6583　Fax: 03-3486-6584
http://www.sayusha.com

装幀　松田行正＋杉本聖士

印刷・製本　中央精版印刷株式会社

Printed in Japan ISBN978-4-86528-155-2